IK 了不起的教育学系列

333 教育综合
高效答题手册

丹丹老师　编著

中国教育出版传媒集团

高等教育出版社·北京

图书在版编目（CIP）数据

333 教育综合高效答题手册 / 丹丹老师编著.
北京 ： 高等教育出版社，2024. 8. -- ISBN 978-7-04
-062945-3

Ⅰ. G40

中国国家版本馆CIP数据核字第202423XK14号

333 JIAOYU ZONGHE GAOXIAO DATI SHOUCE

策划编辑	李笑雪	责任编辑	李笑雪	封面设计	贺雅馨
版式设计	徐艳妮	责任校对	高 歌	责任印制	刘弘远

出版发行	高等教育出版社	网　址	http://www.hep.edu.cn
社　址	北京市西城区德外大街 4 号		http://www.hep.com.cn
邮政编码	100120	网上订购	http://www.hepmall.com.cn
印　刷	大厂益利印刷有限公司		http://www.hepmall.com
开　本	880 mm×1230 mm　1/32		http://www.hepmall.cn
印　张	6.375		
字　数	180 千字	版　次	2024 年 8 月第 1 版
购书热线	010-58581118	印　次	2024 年 8 月第 1 次印刷
咨询电话	400-810-0598	定　价	32.00 元

前 言 《《《《
《《《《《

亲爱的同学，你好！

教育，是一座桥梁，连接着知识的海洋与学子的心灵；考研，是一次征程，承载着梦想的重量与奋斗的汗水。

为助力你的考研之路，《333教育综合高效答题手册》应运而生，希望每一次答题都成为你向梦想迈进的有力跳板。

本书按照全国硕士研究生招生考试教育综合考试大纲精心编排，旨在为你提供系统精练的复习指导。同时，我们用不同颜色标注重点语句，让关键知识一目了然，助你事半功倍。

在使用本书时，建议多次阅读选择题考点，深入理解每个知识点的精髓；对于主观题，要仔细审题，抓住论点和论据，巧妙组织语言，使答案既条理清晰又言之有物。

此外，我们为你提供最佳的时间安排建议：在考研后期，即10—12月，每天早上8点至9点，抽出时间阅读本书2—3页，持之以恒，必将收获满满。

愿《333教育综合高效答题手册》成为你考研路上的得力助手，照亮你梦想的星空，引领你驶向成功的彼岸。祝你考研顺利，梦想成真！

丹丹老师 敬上

目 录 〈〈〈

教育学原理

第一章

教育及其产生与发展

一、重要名词及选择题考点

1. 教育

（1）广义的教育：指凡是有目的地增进人的知识技能，影响人的思想品德，增强人的体质的活动，不论是有组织的还是无组织的，是系统的还是零碎的，是有教育者教导的还是自我教育的。

（2）狭义的教育：主要指学校教育。学校教育是根据一定社会的现实和未来的需要，遵循受教育者身心发展的规律，有目的、有计划、有组织地引导受教育者主动地学习，积极进行经验的改组和改造，促使他们提高素质、健全人格的一种活动。

（3）有目的地培养人的活动是教育质的特点，教育的本质是促人向善的。

2. 教育的三种陈述形式

关于教育的陈述可以分为教育定义、教育隐喻和教育口号。如"再穷不能穷教育"属于教育口号，"教育是对人心灵的陶冶"属于教育隐喻。

3. 谢弗勒教育定义类型

谢弗勒提出了三种教育定义方式，即规定性定义、纲领性定义和描述性定义。

（1）规定性定义即作者自己所下的定义，其内涵在作者的话语情境中始终同一。

（2）纲领性定义是有关定义对象应该是什么的界定。例如，教育是"社会借以发展年轻一代认识生活中的善和价值的能力的手段"。

（3）描述性定义是对被定义对象的适当描述或如何使用定义对象

的适当说明。比如"苹果是一种红色的、圆形的水果"。

4. 教育的起源

（1）教育的生物起源说主张教育是扎根于本能的不可避免的行为。

（2）教育的心理起源说主张教育起源于动物的模仿行为。

5. 教育的功能

教育既有正向功能又有负向功能，既有隐性功能又有显性功能，既有对人的功能，又有对社会的功能。如某班教师为了激发和保持学生的学习动机，开展了一系列学习竞赛活动。结果如教师所料，学生的学习热情高涨，成绩明显提高。但没有想到的是，学生之间相互猜忌、隐瞒学习资料等现象日趋严重。上述事实表明，教育既有正向显性功能，又有负向隐性功能。

6. 非正规教育

非正规教育指的是没有能够形成相对独立的教育形式的教育，与生产生活高度一体化。学校产生之前，以非正规化教育为主。学校产生之后很长一段时间以正规化教育为主。但是也有思想家对现代社会的正规化教育提出了批评。

美国教育家、非学校化运动倡导者伊里奇在《非学校化社会》中指出：学校教育具有压制性、同质性、破坏性。

伊里奇认为"真正的教育应该是创造性的，依赖于对出乎意料的问题的惊奇、对事物的想象以及对生活本身的热爱"。

二、材料分析题

阅读下列材料，并按要求回答问题。

在当今社会，不少家长认为教育孩子是学校的责任，自己只需完成经济支持就可以了。然而事实上，健康成长的孩子需要家庭、学校、社会三方共同参与，教育的责任不能只留给学校。根据《中华人民共和国教育法》《中华人民共和国未成年人保护法》等法律法规，教育部等十三部门联合印发了《关于健全学校家庭社会协同育人机制的意见》。该文件明确提出要构建学校、家庭、社会育人共同体，厘清三方职责，健全协调机制，共同承担起培养青少年的历史使命。

请回答：

（1）阐述学校教育的功能。

（2）分析为什么"教育的责任不能只留给学校"？

（3）阐述教师在教育过程中如何配合家庭共同培养学生，促进个体发展。

>>> 参考答案

（1）学校教育是根据一定社会的现实和未来的需要，遵循受教育者身心发展的规律，有目的、有计划、有组织地引导受教育者主动地学习，积极进行经验的改组和改造，促使他们提高素质、健全人格的一种活动。

学校教育的功能主要体现在促进个体发展与社会发展两方面。

①学校教育可以促进个体的个性化和社会化，以及促进个体谋生等。学校教育可以促进人的主体意识的形成和主体能力的发展，可以促进个体差异的充分发展、促进个体价值的实现。学校教育可以促进个体思想意识、个体行为的社会化、个体职业和身份的社会化。

②学校教育可以促进社会流动、社会变迁，促进社会经济、政治、文化等方面的发展。

（2）教育的责任不能只留给学校，因为学校教育有其局限性。

①学校可能具有一定的负向功能，可能压制个体的创造性、独立性。学校也可能拉大个体差距，出现社会不公。此外，人的发展是一个全面的过程，需要接受多方面的引导。家庭和社会是学生发展的重要环境。

②学校只能承担有限的教育功能，许多生活技能和价值观念需要在家庭中培养。家庭教育对孩子影响深远。

③社会上还有大量教育资源可以开发利用，如科技馆、博物馆等。教育需要社会各界共同参与和支持，联合家庭与社会力量，更好地服务学生发展。

学校应充分发挥协同育人主导作用、家长切实履行家庭教育主体责任、社会应有效支持服务全面育人。

（3）① 知识：熟悉儿童发展心理学和教育学知识，能够根据孩子的年龄、性格和性别特点等因素，提供合适的教育指导和服务；具备丰富的家庭教育知识和经验，能够引导家长建立正确的家庭教育观念，提高家长开展家庭教育的水平和育儿能力。

② 能力：具备良好的沟通能力和表达能力，能够有效地与家长和孩子沟通，理解家庭教育需求和问题，提供有效的解决方案。

③ 情感：具备爱心、耐心、责任心和专业性，能够在细节上关注孩子的成长和发展，为他们提供全方位的家庭教育指导服务。

教师对家庭教育的指导主要从理论、方法、手段、内容和技能等方面进行，帮助家长解决开展家庭教育的困惑，提高家长开展家庭教育的水平和育儿能力。

第二章

教育与社会发展

1. 人力资本理论

20世纪60年代，美国经济学家舒尔茨创立了人力资本理论。人力资本是体现在人身上的资本，表现为人的知识、技能及其能力的总和。

（1）人力资源是一切资源中最主要的资源。

（2）在经济增长中，人力资本的作用大于物质资本的作用。

（3）教育投资是人力投资的主要部分。教育可以提升人的知识、技能及其能力。

（4）20世纪60年代以来，许多国家推行"教育先行"改革，以促进国民经济的快速发展。这种政策的理论基础是人力资本理论。

人力资本理论突破了传统物质资本的束缚，开辟了关于人的生产能力的崭新思路，为研究经济理论和实践提供了全新的视角。但该理论忽视了劳动力市场中的其他筛选因素。

2. 筛选假设理论

筛选假设理论，简称筛选理论，又称文凭理论，是一种雇主依靠标签和信号对劳动力进行市场选择的理论。

（1）筛选假设理论认为教育只是一种筛选装置，其作用在于帮助雇主识别不同能力的求职者。而不是人力资本理论认为的教育可以提高人的能力。

（2）强调教育文凭的重要性，认为筛选作用是教育的主要经济价值。

（3）认为教育与工资之间呈正相关。一个人学历水平越高，其未来获得工资水平越高。

3. 劳动力市场理论

劳动力市场理论主要是在批判筛选假设理论的基础上发展起来的。该理论认为：

（1）劳动力市场由主要劳动力市场和次要劳动力市场组成。

（2）教育与个人的收入不直接相关，工资水平取决于在哪个劳动力市场工作。在主要劳动力市场的收入会高于在次要劳动力市场的收入。

（3）在哪个劳动力市场工作不只受教育因素的影响，还和人的性别、年龄、种族等其他因素相关。

二、材料分析题

阅读下列材料，并按要求回答问题。

近年来，人工智能技术在教育领域的应用日益广泛，从智能语音助教、自动评估作业到个性化学习辅导机器人等，人工智能正在逐步介入教与学的各个环节。这既带来了精准化教学、释放教师负担等机遇，也引发了教育变革乃至人类命运的担忧。

请回答：

（1）阐述教育和科技的关系。

（2）你认为传统学校教育能被智能教育完全取代吗？人工智能能取代教师吗？请阐明理由。

（3）你认为教育工作者应如何看待和应对人工智能技术的快速发展，如何实现人工智能在教育领域的合理、有益应用？

》》》 参考答案

（1）科学技术影响教育观念、科学技术影响教育结构、科学技术影响教育的内容、方法和技术。教育为科学技术的发展提供知识积累、为科学技术的发展培养所需人才、为科学技术转化为生产力创造条件。

（2）不能。

教育的功能是使"人"成为"人"，使人从"自然人"成为"社会人"，从原初对未来社会一无所知的自然生命，成长为掌握融入社会所具有的信仰、价值、知识、技能、情感以及健康身体的社会人，这一过程既是个体生命意义逐步丰富的过程，也是社会学家涂尔干所说的人不断"社会化"的过程。简言之，就是通过学校"教书育人"，促进人的身心和谐发展。传统学校教育无法被智能教育完全取代。

教师是履行教育教学职责的专业人员。从实践中看，教师的某些工作正在与人工智能相结合或被人工智能取代，在技术层面上实现了智能批改作业和试卷、评分、纠正发音、批改作文、个性化教学设计、针对性的辅导等。通过千万量级的数据，在实现学生差异化、个性化、定制化的学习方面，人工智能大都比人做得好。但教师这个职业在学生成长中发挥的作用和扮演的角色目前还看不到被完全取代的迹象，至少教师在人的社会性交往、情感、价值观等方面的教育作用机器还取代不了。

（3）教育工作者应积极了解人工智能技术，将其合理应用到教学中，同时也要明确人工智能技术的局限，发挥人的长处，培养学生的批判思维和创新能力。

教育工作者要警惕过度依赖技术造成的负面影响，让技术服务教育，而不是被技术主导。教育工作者与科技应是协作关系，教育的核心依然应该是人。教育工作者应明确自己在智能时代下的角色和使命，努力转变为学习分析者、信仰与价值的引领者、个性化的指导者、社会学习的陪伴者、心理和情感发展的呵护者。

第三章

教育与人的发展

一、重要名词及选择题考点

1. 不平衡性

发展的不平衡性是指：（1）不同系统的发展速度、起始时间、达到的成熟水平不同；（2）同一系统机能在发展的不同时期有不同的发展速度。

教育要掌握和利用人的发展的成熟机制，抓住发展的关键期，不失时机地采取有效措施，促进学生健康地发展。

2. 内发论

根据影响个体身心发展的动因源自内部还是源自外部，分为内发论和外铄论。内发论又称自然成熟论、生物预成论、遗传决定论等，其基本观点是个体的发展受一定的生物机制及个体经验结构的控制，从而呈现出一定的循序渐进的演变阶段，外在环境的影响不能改变这种发展逻辑。内发论的代表人物有美国心理学家霍尔与格赛尔、英国人类学家和心理学家高尔顿、中国的孟子等。

霍尔指出："一两的遗传胜过一吨的教育。"

格赛尔强调成熟机制对人的发展起决定作用。

孟子提出"性善论"，认为"人之初，性本善"。

3. 外铄论

外铄论又称环境决定论、外塑论或经验论等，主张个体发展的实质是环境影响的结果，环境影响决定个体心理发展的水平与形式。

外铄论的思想从哲学上发轫于英国经验决定论者洛克的"白板说"，代表人物主要有美国心理学家华生、法国启蒙思想家爱尔维修、中国的荀子等。华生从刺激–反应的观点出发，强调外显的刺激与反应之间的联结。爱尔维修是"教育万能论"的倡导者，认为教育可以改造一切，从外部塑造一切个体。荀子提出"性恶论"。

二、材料分析题

阅读下列材料，并按要求回答问题。

学校要取得哪怕是微小的成功，也都需要两个重要的先决条件。第一，学校教育体制的各级人员和学校的服务对象都必须清楚地了解学校的使命；第二，必须建立一个与发展和支持现有的学校体制的联盟相似的新联盟，而且这个新联盟所支持的要超出学校的范围。它必须包括社区里提供和支持教育的所有单位，这不仅包括家庭、学校和教会，也包括商业、企业、电视、新的信息加工手段和所有其他新兴的通讯技术以及那些教育潜力还没有得到开发利用的文化资源。教育如此重要，涵盖面如此之广，教育的任务不能只留给学校。

——《一个被称作学校的地方》

请回答：

（1）结合所学知识，谈谈你对"学校使命"的认识。

（2）如何理解"教育的任务不能只留给学校"？

》》》 参考答案

（1）学校的使命有以下几方面。

① 教育目的：学校的使命在于立德树人。

学校应明确自身的培养目标。人的全面发展是人类的崇高追求，是人的发展和社会发展的最高目标和最终价值取向。学校教育作为实现人的全面发展的重要途径，必须以学生为本，关注学生的全面发展、和谐发展、持续发展、终身发展和健康成长。在坚持德育为先的同时，全面加强和改进智育、体育、美育。全面实施素质教育，坚持文化知识学习与思想品德修养的统一、理论学习与社会实践的统一、全面发展与个性发展的统一，促进德育、智育、体育、美育有机融合，着力培养学生的社会责任感、创新精神和实践能力，提高学生的综合素质，使之成为德智体美全面发展的社会主义建设者和接班人。

② 学校对个体的功能：学校的使命在于促进个体的个性化、社会化。

学校教育需要促进个体的个性化和社会化。学校教育应认真发掘学科中所蕴含的健全人格教育资源，将显性教育与隐性教育结合起来，使学生在获取知识的同时，得到人格的滋养与涵育。高度重视对学生的人文关怀，营造良好的师生关系、同学关系，为培育学生的健全人格提供良好氛围。要焕发学生的生命活力，把学生发展从知识层面提升到生命发展层次。

③ 学校对社会的功能：学校的使命在于促进社会各方面的变迁。

学校教育对社会的经济、政治、文化、科技、人口等具有重要的作用。学校教育应立足于人的培养，通过培养合格的社会公民，促进社会的变迁和发展。

（2）"教育的任务不能只留给学校"体现出的是协同育人的重要性。

学校在育人中发挥的是主导作用，家庭是第一所学校，社会是重要的协助者和支持者。应通力合作，协同育人。

首先，学校应充分发挥协同育人主导作用，要认真履行教育教学职责，全面掌握并及时与家长沟通学生的情况；学校可以发挥自己的专业优势，加强家庭教育指导；学校要把统筹用好各类社会资源作为强化实践育人的重要途径，积极拓展校外教育空间，着力培养学生的社会责任感、创新精神和实践能力。

其次，家长要切实履行家庭教育主体责任，提高家庭教育水平。注重家庭建设，坚持以身作则、言传身教。主动协同学校教育。家长要积极参加学校组织的家庭教育指导和家校互动活动，自觉学习家庭教育知识和方法，主动参与家长委员会有关工作。引导子女体验社会。根据子女年龄情况，主动利用节假日、休息日等闲暇时间带领或支持子女开展户外活动和参观游览。

最后，社会应健全网络综合治理体系，推进社会资源开放共享。

社区要面向中小学生积极开展各种公益性课外实践活动，促进学生身体健康，增强社会责任感。完善社会家庭教育服务体系。将家庭教育指导作为城乡社区公共服务的重要内容，积极构建普惠性家庭教育公共服务体系。

> 第四章

教育目的与培养目标

一、重要名词及选择题考点

1. 教育目的

广义的教育目的是指存在于人的头脑之中的对受教育者的期望和要求。狭义的教育目的是指由国家提出的教育总目的和各级各类学校的教育目标，以及课程与教学等方面对所培养的人的要求。

（1）教育目的是根据一定社会的政治、经济、生产、文化科学技术发展的要求和受教育者身心发展的状况确定的。

（2）它反映了一定社会对受教育者的要求，是教育工作的出发点和最终目标，也是确定教育内容、选择教育方法、检查和评价教育效果的根据。

2. 教育目的的层次

一般来说，教育目的的层次结构由教育目的、培养目标、课程目标、教学目标构成。

（1）教育目的：社会（国家或地区）对各级各类教育所要培养的人的总体要求。

（2）培养目标：一般指学校的培养目标。

（3）课程目标：学校的课程目标。

（4）教学目标：课堂、教师的教学目标。教育目的—培养目标—课程目标—教学目标，是不断细化的过程。

3. 教育方针

教育方针是国家或政党根据一定时期政治、经济发展的总路线、总任务规定的教育工作的发展思路和发展方向。教育方针是教育工作的总方向和根本指针，是教育政策的总概括。

我国的教育方针是坚持教育为社会主义现代化建设服务、为人民服务，把立德树人作为教育的根本任务，全面实施素质教育，培养德智体美劳全面发展的社会主义事业建设者和接班人，努力办好人民满意的教育。

4. 个人本位论

个人本位论主张教育的根本目的是充分发挥人的潜能和个性，与社会的要求无关。其代表人物有卢梭。

（1）教育目的是根据个人发展的需要，而不是根据社会的需要制定的。（2）个人价值高于社会价值。（3）教育结果是以个人的潜能和个性的发挥程度来衡量的。

5. 社会本位论

社会本位论主张教育的根本目的是由社会发展的需要决定的，与人的潜能和个性的需要无关。在历史上，持社会本位论的哲学家和教育家主要有涂尔干、凯兴斯泰纳等。

（1）社会价值高于个人价值，个人的一切发展都依赖于社会。（2）教育除了满足社会需要以外并无其他目的。（3）教育结果是以其社会功能发挥的程度来衡量的。

6. 人的全面发展

我国教育目的的理论基础是马克思主义关于人的全面发展的学说。

（1）"人的全面发展"是指在人的劳动能力全面发展的基础上，包括人的社会关系、体力、智力、道德精神全貌、意志、情感、个性及审美意识和实践能力等各方面的和谐统一发展。"人的全面发展"，包括人的能力的全面发展和人的自由发展。

（2）教育要求：在教育中，引导学生全面发展的同时，应该关注学生个性的自由发展，着重培养学生的创新精神、批判性思维与独立个性。

7. 教育适应生活说

杜威对教育准备生活说进行了批判。他提出了"教育即生活"，主张教育应当是生活本身的一个过程，而不是未来生活的准备，要求学校把教育和儿童眼前的生活联系在一起，教儿童适应眼前的生活环境。

8. 劳动教育

劳动教育与德育、智育、体育、美育并列，作为全面发展教育的组成部分，是指学校通过学生亲身参与实践，特别是参与劳动技术生产过程，培养学生形成正确的劳动观念和劳动习惯，使学生获得有关劳动技术的基本知识和技能的教育活动。

9. 美育

美育是审美教育，也是情操教育和心灵教育，它不仅能提升人的审美素养，还能潜移默化地影响人的情感、趣味、气质、胸襟，激励人的精神，温润人的心灵。

10. 我国教育目的的基本精神

（1）坚持社会主义性质。

坚持社会主义性质是我国教育目的的应有之义。新中国成立以来，我国的教育目的表述充分体现了这一点。比如，"有社会主义觉悟""热爱社会主义祖国和社会主义事业""社会主义事业建设者和接班人"等。这些提法充分说明了我国教育目的的社会主义性质。

（2）培养"劳动者"或"建设人才"。

我国当代教育目的在表述上不断发生变化，但教育目的的价值取向中培养"劳动者"或"社会主义事业建设人才"这一基本规定却始终没有变。

（3）坚持全面发展。

受教育者的全面发展，从分类的角度看，包括生理和心理两个方面的发展；从分层的角度看，是一个多层次的发展所构成的立体结构。比如，根据人的现实生活所要处理的关系，可分为三种：即与自然的关系、与社会的关系和与自我的关系。

（4）培养独立个性。

培养受教育者的独立个性，就是要使受教育者的个性自由发展，增强受教育者的主体意识，培养受教育者的开拓精神、创造才能，提高受教育者的个人价值。

阅读下列材料，并按要求回答问题。

育人之本，在于立德铸魂。习近平总书记指出："培养什么人、怎样培养人、为谁培养人是教育的根本问题，也是建设教育强国的核心课题。"教育系统应坚持不懈用习近平新时代中国特色社会主义思想铸魂育人，努力构建德智体美劳全面培养的教育体系。

请回答：

（1）简述全面发展教育的含义。

（2）简述全面发展教育各部分之间的关系。

》》》 **参考答案**

（1）全面发展教育的含义。

全面发展教育是指教育者根据社会的政治、经济需要和人的身心发展的规律和特点，有目的、有计划、有组织地对受教育者实施的、旨在促进人的素质结构全面、和谐、充分发展的系统教育。全面发展教育由德育、智育、体育、美育和劳动教育五部分组成。

① 德育，是学校通过教育者和学习者的交往实践活动，有目的、有计划、有组织地培养学习者形成正确的政治意识、思想观念和道德品质等，使学习者通过内化形成社会所需要的品德的教育活动。

② 智育，是通过师生交往活动，有计划、有组织并系统地向学生传递科学文化知识和技能，发展学生的智能和与学习有关的非智力因素，提升学生的核心素养，培养学生的创新精神和实践能力的活动。

③ 体育，是促进学生全面发展，增强学生体质，学习体育知识、技能和锻炼意志力等品质的一种有目的、有计划、有组织的教育活动。

④ 美育，是审美教育，也是情操教育和心灵教育，它不仅能提升人的审美素养，还能潜移默化地影响人的情感、趣味、气质、胸襟，激励人的精神，温润人的心灵。

⑤ 劳动教育，与德育、智育、体育、美育并列，作为全面发展教育的组成部分，是指学校通过学生亲身参与实践，特别是参与劳动技术生产过程，培养学生形成正确的劳动观念和劳动习惯，使学生获得

有关劳动技术的基本知识和技能的教育活动。

（2）全面发展教育各部分之间的关系。

① 互为基础。各部分分别培养学生的基本素质，为其他部分发展奠定基础。如德育为智育之基，智育也促进德育。

② 相互渗透。各部分通过渗透相互促进，如体育运动可以强化意志品质，科学知识也使生活技能更为合理。

③ 相互依存。各部分相互依存、缺一不可，共同促进学生全面发展。如智育需要体育和技能发展的配合。

④ 统一目标。各部分追求的目标是学生整体素质的提高和能力的全面发展。这使得各部分相向同行，相互支撑。

⑤ 相对独立。虽然各部分关系密切，但教育内容和方式上仍相对独立，有其本位的追求，这保证了各部分的专业发展。

⑥ 协调统一。在独立发展的同时，更需要各部分进一步协调，形成合力，实现教育目标的最佳统一。

全面发展教育要充分发挥各组成部分的作用，实现它们之间的互动与协调，相互促进、相互渗透、相互依存。只有构建各部分间的协调机制，实现教育内容、方式与目标的最佳统一，才能真正做到学生的全面发展。这需要我们进一步认识各部分之间的关系，持之以恒地加以实践。综上，全面发展教育的实现需要各教育部分之间的配合。它们之间是相互依存、相互促进的关系。要实现学生全面发展，必须构建这种关系的内在协调机制，发挥各部分的作用，实现目标和内容的统一。这需要我们不断加深对这种关系的认识，在教育实践中予以落实。

第五章 ‹

教育制度

一、重要名词及选择题考点

1. 教育制度

教育制度是指一个国家各级各类实施教育的机构体系及其组织运行的规则。

（1）各级各类教育机构与组织；（2）教育机构和组织赖以存在和运行的规则，如各种相关的教育法律、规则、条例等。

学校教育制度，简称为学制，指一个国家各级各类学校的系统及其管理规则，规定着各级各类学校的性质、任务、入学条件、修业年限以及它们之间分工和衔接的关系。

现代教育制度的核心部分是学校教育制度。

2. 义务教育

义务教育是国家统一实施的所有适龄儿童、少年必须接受的教育，是国家必须予以保障的公益性事业。义务教育是面向全体适龄儿童、少年的基本公共服务，提供基本均衡的义务教育是政府的法律责任，每一个适龄儿童、少年都应该享有接受质量合格的义务教育的平等机会。

义务教育具有强制性、免费性、公共性、义务性和基础性等特征。

3. 学制

学制即学校教育制度，是国家根据教育方针、政策，对各级各类学校的任务、学习年限、入学条件等所作的规定。

（1）它是教育制度的主体，是现代教育制度的核心内容。有时专指各级各类学校的学习年限。

（2）当今世界有三种学制，分别是：单轨制学制、双轨制学制和分支型学制。

（3）我国采用的是分支型学制，保障了我国基础教育阶段的公平性。

（4）学制要素包括学校类型、学校级别和学校结构。

4. 终身教育

终身教育是保罗·朗格朗在 20 世纪 60 年代提出的，是指人在一生各阶段中所受各种教育的总和，是人所受不同类型教育的统一综合。终身教育包括教育体系的各个阶段和各种方式，既有学校教育，又有社会教育；既有正规教育，也有非正规教育。

5. 双轨学制

双轨制一轨自上而下，其结构是大学、中学、家庭教育，主要为贵族阶层的子弟准备，满足贵族子弟接受高等教育的需要。

另一轨自下而上，其结构是小学及其后的职业学校，面向的对象主要是贫民阶层的子弟，他们没有接受高等教育的机会。

这两轨既不相通，也不相接，体现出鲜明的等级制度。

6. 单轨学制

单轨学制最早产生于美国，其特点是一个系列、多种分段，即六三三、五三四、四四四、八四、六六等多种分段。它有利于维护教育的平等和民主；有利于教育的逐级普及；有利于现代生产和现代科技的发展。

7. 分支型学制

分支型学制的前段是单轨，即小学、初中阶段是单轨，后段分叉，介于双轨学制和单轨学制之间。分支型学制中，中学的优点是上通高等学校，下达初等学校，左为中等专业学校，右为中等职业技术学校。

我国一度仿照苏联，采用分支型学制。

二、材料分析题

阅读下列材料，并按要求回答问题。

根据这些理由，国际教育发展委员会特别强调两个基本观念：终身教育和学习化的社会。由于在校学习已不能再构成一个明确的"整体"，而且也不能在一个学生开始走向成人生活之前（不管这时候他的智力发展水平如何以及他的年龄多大），先让他接受这种学校教育，因此教育体系必须全部重新加以考虑，而且我们对于这种教育体系所抱有的见解本身也必须重新加以评议。如果我们要学习的所有东西都必须不断地重新发明和日益更新，那教学就变成了教育，而且就越来越变成了学习。如果学习包括一个人的整个一生（既指它的时间长度，也指它的各个方面），而且也包括全部的社会（既包括它的教育资源，也包括它的社会的和经济的资源），那我们除了对"教育体系"进行必要的检修以外，还要继续前进，达到一个学习化社会的境界。因为这些都是教育将来所要面临的挑战。

——《学会生存》

请回答：

（1）如何理解"教学就变成了教育，而且就越来越变成了学习"？

（2）分析学习型社会的特点。

（3）阐述教师在学习型社会建设中应起到什么作用？

》》》 参考答案

（1）随着知识的不断更新和发展，教学的内容也需要不断调整，不能简单重复传授固定知识。

教学要引导学生主动学习和探索，使教学变成一个互动的教育过程，最终促使学生形成自主学习的能力。

（2）学习型社会的特点。

第一，重视终身学习，让不断学习成为一种生活方式。

第二，学习内容丰富，不仅包括专业知识的学习，也注重培养创新精神、团队协作、问题解决等综合能力。培养自主学习的能力，学会学习成为根本。鼓励创新创业，支持把知识应用到实践中。

第三，多渠道开展教育，不限于学校。家庭、社区、工作单位都可以成为学习的场所。信息技术改变学习方式，网络学习盛行。

（3）教师在学习型社会建设中的作用。

首先，从知识的传授者转变为学习的促进者，帮助学生掌握学习方法。自身成为终身学习者，突出示范性。帮助学生明确学习目标，制定学习计划。

其次，鼓励学生主动学习，提出问题，表达见解。注重启发学生的兴趣和潜能，帮助他们认识自我。倡导合作学习，组织课堂互动与讨论。运用现代信息技术改进教学，指导学生利用网络学习资源。

最后，改进评价方法，注重过程性评价，评价学生的学习能力、创新精神、团队合作能力等。

第六章
课程

一、重要名词及选择题考点

1. 课程目标

课程目标是指课程本身要实现的具体目标和意图。它规定了某一教育阶段的学生通过课程学习以后，在发展品德、智力、体质等方面期望实现的程度，它是确定课程内容、教学目标和教学方法的基础。

课程目标制定的依据为：学生因素、社会因素、知识因素、学科专业的建议。其直接依据来自教育目的和学校的培养目标。

2. 课程

课程是为实现各级各类学校的培养目标而规定的所有学科（即教学科目）及其目的、内容、范围、活动、进程等的总和。

它主要体现在课程计划、课程标准和教材（教科书）中。

3. 学科课程

学科课程是指根据学校培养目标和科学发展，分门别类地从各门学科中选择适合学生发展水平和符合学生年龄的间接知识所构成的教学科目。

学科课程具有明确的目的和目标，其知识是科学系统的，易于教师循序渐进地对学生进行教学。但同时分化各学科之间的距离，缺少学科之间的融合，易导致学生学习的知识与生活经验相脱离，学生可能只会死读书，读死书，读书死。

4. 课程方案

课程方案也称教学计划，是指教育机构或学校为了实现教育目的而制定的有关课程设置的文件。

普通小学与中学的课程方案是指在国家教育目的与方针的指导下，为实现各级基础教育的目标，由国家教育主管部门制定的有关课程设置、顺序、学时分配及课程管理等方面的政策性文件。

5. 课程标准

课程标准又称学科课程标准，是国家制定的有关基础教育课程的基本规范和质量要求，是课程计划中每门学科以纲要的形式编定的、有关学科教学内容的指导性文件。

课程标准规定着学科的教学目的和任务，知识的范围、深度和结构，教学进度及有关教学法的基本要求，是教师课程教学的重要参考。

6. 核心课程

核心课程也叫作"问题课程"，是以问题为核心，将几门学科知识综合起来，由一个教师或教师小组连续教学的课程。它围绕一个社会问题将各门学科知识综合起来，以培养学生的社会责任感，认识和改造社会。

在形式上，核心课程通常采取由近及远、由内向外、逐步扩展的顺序呈现课程内容。核心课程要求围绕一个核心组织教学内容和教学活动。

社会问题课程是核心课程的重要表现形式，即以当代社会问题为中心组织的课程，它主要针对某个社会问题，从不同的学科角度组织教学内容。

这种课程既可以避免学科本身距离生活过于遥远，又可以避免单凭儿童的兴趣和动机来组织课程，以致酿成概念模糊和体系混乱的后果。

7. 项目式课程

《义务教育课程方案和课程标准（2022年版）》中明确指出，要探索大单元教学，积极开展主题化、项目式学习等综合性教学活动，强调加强课程内容与学生经验、社会生活的联系，倡导"做中学""用中学""创中学"，增强学生在真实情境中认识真实世界、解决真实问题的能力。

项目式课程是一种以学生兴趣与需求引发的项目为核心，支持学生在真实的问题情境下积极参与、合作探究与多元展示的生成课程模式。从学生学习的视角来看，学生在项目式课程中采用的学习模式是"基于项目的学习"；从教师教学的视角来看，教师在项目式课程中采用的是"基于项目的教学法"。

8. 泰勒模式

1949年，美国教育家、被誉为"现代课程理论之父"的泰勒出版了享有"现代课程理论的奠基石"之称的著作《课程与教学的基本原理》。

（1）泰勒认为课程原理主要围绕四个基本问题组成和运作。

第一，确定目标：学校应该达到哪些教育目标？

第二，选择经验：提供哪些教育经验才能实现这些目标？

第三，组织经验：怎样才能有效地组织这些教育经验？

第四，评价结果：怎样才能确定这些目标正在得到实现？

其中，确定目标是最关键的一步，其他步骤都要依据和围绕目标的确定展开和落实。

（2）要对教育目标的选择做出明智的判断，必须有来自三个方面的信息：对学生的研究、对当代社会生活的研究、学科专家的建议。

（3）泰勒的课程原理被称为"目标模式"，对课程理论的发展产生了重大影响，至今仍在西方课程领域中占有主要的地位。

9. 古德莱德课程观

（1）理想的课程，即由研究机构、学术团体和课程专家提出的应该开设的课程。

（2）正式的课程，即由教育行政部门规定的课程计划、课程标准和教材。

（3）领悟的课程，即任课教师所领悟的课程。

（4）运作的课程，即在课堂上实际实施的课程。教材在实施中，教师常常会根据学生的反应随时进行调整。

（5）经验的课程，是学生在课堂学习中实实在在体验到的东西，即课程经验。

阅读下列材料,并按要求回答问题。

陈老师在高中语文课上,常采用"合作学习"的教学策略,把学生分成若干小组,让小组内学生合作完成学习任务。然而她发现,许多学生不太适应这种教学模式。有的学生反映小组学习效率低,时间都用在讨论上了,知识点学得不扎实;有的学生说自己在小组里起不了带头作用,负担也不重,学习不深刻。陈老师反思我是否选择错了教学策略?合作学习真的适合高中语文课吗?我该如何帮助学生适应并发挥合作学习的优势呢?

请回答:

(1)从社会发展对教育的需求角度,分析合作学习的必要性。

(2)从现行课堂教学方式的角度,分析导致学生不适应合作学习的可能性成因。

(3)从学校教学改革的角度,提出帮助学生适应合作学习的建议。

>>> 参考答案

(1)合作学习的实质是通过组建学习小组,在小组内部实施合作,发挥学生主体作用,达到更好的学习效果。

① 经济发展的需求:合作学习可以培养学生的团队合作能力,这对未来的工作是非常必要的,因为现代经济活动越来越依赖团队分工与协作。

② 政治民主化的需求:合作学习可以培养学生的民主态度与公民意识,这对未来的社会参与与国家建设是非常必要的。

③ 文化多元化的需求:合作学习可以让不同文化背景的学生互相交流与理解,这对构建和谐社会是非常必要的。

④ 科技创新与发展的需求:合作学习可以发挥学生的创造力与实践能力,培养创新人才,这对国家科技进步是非常必要的。

⑤ 知识爆炸与更新的需求:合作学习可以实现资源共享,让学生相互学习与进步,这对学生适应未来是非常必要的。

(2)教学方式:长期以来,课堂教学以教师讲授为主,学生习惯被动接受知识，不习惯主动参与和互动。

教学评价：课堂讲授和个别发言强调个人表现，而合作学习需要团队协作。

教学氛围：课堂氛围严肃，不鼓励讨论，学生不习惯团队互动。

（3）从学校教学改革的角度，我认为可以提出以下帮助学生适应合作学习的建议：

① 目的：加强对学生合作能力的培养，如沟通协调能力、问题解决能力、自我管理能力等。

② 内容：设置一些需要综合各学科知识完成的项目，让学生体会跨学科合作的意义。增加一些需要团队合作完成的项目、练习任务或案例分析等，营造合作氛围。

③ 方法：循序渐进，逐步增加合作学习在课程中的比重和时间，让学生有一个适应的过程。鼓励教师充分肯定学生的合作行为，营造积极的合作学习氛围。鼓励教师创设灵活多样的合作学习模式，而不仅是固定的小组讨论。

④ 管理：制定学生合作行为规范，并让学生参与制定，提高合作意识。逐步进行这些改革，可以帮助学生更好地适应和参与合作学习。加强家校合作，让家长了解并支持学校的合作学习改革。

⑤ 评价：改革考核评价方法，增加过程考核和团队考核的比重，体现团队合作的价值。

一 重要名词及选择题考点

1. 教学过程中应处理好的几种关系

直接经验与间接经验的关系、掌握知识与培养思想品德的关系、掌握知识与提高能力的关系、智力因素与非智力因素的关系、教学方式与教学内容的关系、教师主导作用与学生主体作用的关系。

2. 当代国外教学模式

程序教学模式、发现教学模式、掌握学习教学模式、暗示教学模式、范例教学模式、非指导性教学模式、逆向设计教学模式、问题教学模式、项目探究教学模式、STEM 教学模式。

3. 形成性评价

形成性评价是在教学过程中对学生的知识掌握和能力发展的评价。目的是及时了解学生的学习情况，得到有效的反馈信息以便及时调整教学过程，其侧重点不在于学生的成绩，而在于提高教学的有效性。

常见的形成性评价有课堂提问。

4. 教学的启发性原则

教学的启发性原则是指，教师在教学中要承认学生是学习的主体，注意调动他们的学习主动性，引导他们独立思考，积极探索，生动活泼地学习，自觉地掌握科学知识和提高分析问题、解决问题的能力。

贯彻该原则的要求包括：① 树立正确的学生观。② 充分调动学生学习的积极性和主动性。③ 创设问题情境。④ 发扬民主教学。

5. 教学组织形式

教学组织形式简称"教学形式"，是指为完成特定的教学任务，教师和学生按一定要求组合起来进行活动的结构。

（1）教学组织形式不是固定不变的。随着社会政治经济和科学文化的发展及其对培养人才要求的不断提高，教学组织形式也不断发展和改进。

（2）在教学史上先后出现的影响较大的教学组织形式有个别教学制、班级授课制、分组教学制、道尔顿制和文纳特卡制等。

6. **教学设计**

教学设计是根据课程标准的要求和教学对象的特点，将教学诸要素有序安排，确定合适的教学方案的设想和计划。

（1）一般包括教学目标、教学重难点、教学方法、教学步骤与时间分配等环节。

（2）教学设计是为了提高教学效率和教学质量，使学生在单位时间内能够学到更多的知识，更大幅度地提高学生各方面的能力，从而使其获得良好的发展。

7. **因材施教原则**

因材施教是教学中一项重要的教学方法和教学原则。

（1）在教学中根据不同学生的认知水平、学习能力以及自身素质，教师选择适合每个学生特点的学习方法来有针对性地教学，发挥学生的长处，弥补学生的不足，激发学生学习的兴趣，树立学生学习的信心，从而促进学生全面发展。

（2）教师应遵循以下原则：针对学生特点进行有区别的教学、采取灵活多样的举措，使有才能的学生得到充分发展。

8. **教学方法**

教学方法是指为完成教学任务而采用的方法，包括教师教的方法和学生学的方法。其特征主要有：目的性和双边性。

常见的教学方法有：讲授法、谈话法、讨论法、实验法、实习法、演示法、练习法、参观法、自学辅导法、角色扮演法、情景模拟法。

9. **教学原则**

教学原则是根据教育教学目的、反映教学规律而制定的指导教学工作的基本要求。

常见的教学原则有：直观性原则、启发性原则、系统性原则、巩固性原则、量力性原则、思想性和科学性相统一的原则、理论联系实际原则、因材施教原则。

10. 班级授课制

班级授课制是把一定数量的学生按年龄与知识程度编成固定的班级，根据周课表和作息时间表，安排教师有计划地向全班学生集体上课的教学基本组织形式。

历史上，昆体良提出了班级授课制的雏形，夸美纽斯正式提出班级授课制，从理论上对班级授课制加以总结和论证，使其基本确立。在我国，京师同文馆率先采用班级授课制。癸卯学制以法令的形式将其确定下来，并在全国范围内推广。

11. 发展性原则

发展性原则又称量力性原则，是指在教学过程中，其教学内容、教学材料、教学方法、教学进度既要适合学生现有的发展水平，又要有一定的难度，激励学生通过努力进而掌握知识。

教师在教学中应遵循以下要求：（1）了解学生的发展水平，从实际出发；（2）考虑学生发展的时代水平。

12. 问题—探究教学

问题—探究教学是指在教师引导下，学生主要通过积极参与对问题的分析、探索，主动发现或建构新知，并掌握其方法与程序，培养他们的科研能力、科学态度和品行的教学。

简言之，它是一种引导学生通过探究获得真知与个性发展的教学，亦称探究学习、发现学习。

13. 走班制

走班制又称"跑班制"，是指学科教室和教师固定，学生根据自己的能力水平和兴趣愿望选择适合自身发展的班级上课。不同的班级，其教学内容和程度要求不同，作业和考试的难度也不同。

二、材料分析题

1.阅读下列材料，并按要求回答问题。

长期以来，"满堂讲""满堂灌"一直是基础教育的常态。在教师们心中，所谓高效的教学，就是在单位时间内教得更多，传授的知识量更大的教学。"教是为了不教"的提出，让人有醍醐灌顶之感：原来教的目的是为了实现不教！那么一直以来追求教得更多的思路，就需要被彻底颠覆。将"不教"作为教学的追求，既能实现叶圣陶先生笔下的"理想教学"，又能大为减轻一线教师的压力和负担，因而"教是为了不教"的说法，自然呈现出独特的魅力。

要实现"单位时间内教得更多"并非易事，但要在一堂课中做到"少教"乃至"不教"却相当容易。有教师设计了"10+30"的教学模式："前10分钟学生集中精力以导学案为主线自主学习、充分预习；后30分钟实现'展示、达标'，其中并没有给教师的'教'留下空间。还有教师干脆对学生说："你喜欢读哪一段就读哪一段""你想先学什么就学什么""你想怎么学就怎么学""不要紧，你想说什么就说什么"……连最基本的启发和引导都没有了。有些人把"教是为了不教"看成是用不着"讲"和"教"的"理想"境界。客观地说，"少教"乃至"不教"已经是基础教育课堂教学当中的一个普遍的追求。

请回答：

（1）阅读材料，概括指出材料提及了何种现象？这种现象会造成哪些可能的后果？

（2）如何正确理解并做到"教是为了不教"？

》》》 **参考答案**

（1）材料提及的现象是，当前基础教育中出现了一种简单地追求"少教"甚至"不教"的倾向。这种现象可能会造成的后果有：

① 学生自主学习能力不足，过于依赖教师的引导，导致学习效果不佳。

② 教师角色发生淡化，教学秩序和纪律松懈。

③ 教学内容系统性不强，知识点联系不够紧密。

教育学原理

④ 评价体系不健全，学生的学习状态和效果无法被有效监测。

（2）正确理解和践行"教是为了不教"应该遵循以下原则：

① 不能简单地消除教师的引导作用，要在培养学生主体性的同时保证教学的系统性。

② 要因材施教，对自主学习能力较强的学生可以适当减少讲授；对学习基础相对薄弱的学生则需要更多引导。

③ 要善于设计引导性学习任务，并提供学习支持，帮助学生在完成任务中获得新知识。

④ 要建立科学的评价机制，及时了解学生的学习状态，对教学方案进行调整完善。

⑤ 最终目标是培养学生的自主学习能力，而非简单去除教师的教学作用。

综上，"教是为了不教"的本质是引导学生主动学习，教师需要灵活运用教学策略，帮助学生在逐步减少依赖的过程中实现自主探究。

2. 阅读下列材料，并按要求回答问题。

目前，人们过分重视选拔、考试和文凭，在这一点上就最清楚地显示出人们彼此缺乏了解的这种情况。这种制度奖励强者、幸运者和顺从者，而责备和惩罚不幸者、迟钝者、不能适应环境者以及那些与众不同的和感到与众不同的人们。

记分制很少考虑一个人的成绩和他开始时的水平相比到底进步了多少。从理论上来讲，考试的目的第一在于测量过去的成绩，第二在于评价一个人未来的才能，学校自然有资格担任第一个任务，但是，学校是否应该担负起决定谁去参加专业生活这个重要的责任呢？在学校和学校在选择过程中所进行的活动的各个方面，两者之间时常是没有什么关系的，这一事实对于学校能否有效地选拔人才，就更加可疑了。

尽管呆板的、形式主义的和丧失个性的考试制度在教育过程的每一阶段上都造成了损害，但除极少的例外和一些临时性的实验以外，这种考试制度仍然到处都在采用。这种考试制度所产生的问题，只有遵循终身教育的路线，把教育过程的结构进行彻底改造时，才能得到真正的解决。

当教育一旦成为一个连续不断的过程时，人们对于成功与失败的看法也就不同了。如果一个人在他一生的教育过程中，在一定年龄和一定阶段上失败了，他还会有别的机会。他再也不会终身被驱逐到失败的深渊中去了。

请回答：

（1）阐述教育评价的功能。

（2）分析终身教育和教育评价改革之间的关系。

（3）阐述教师在教育过程中如何正确评价学生。

>>> 参考答案

（1）教育评价的功能包括：

第一，诊断教学问题：教育评价可以帮助教师判断存在哪些教学问题，如教学内容设置不合理、教学方法不恰当等。

第二，提供反馈信息：通过教育评价可以让教师、学生及管理部门了解教与学的真实情况，看到存在的差距和不足。

第三，调控教学方向：评价结果可以帮助教师调整教学计划和方式，使之更好地达成教学目标。

第四，检验教学效果：最后，教育评价可以检查教学达成的具体效果，判断教学活动是否达到预期目标。

（2）在终身教育理念下，教育被看成一个连续的过程，而不仅仅是某些阶段中的关键考试。这需要教育评价有相应改革：

① 更加注重过程性评价，不仅有定期考试，也需要对平时的学习过程进行评价，以便及时发现问题并改进。

② 评价要强调个人成长，不应仅以某次考试成绩断定一个人的教育结果。要看到每个人从不同起点出发所取得的进步。

③ 失败不应被污名化，还有改正的机会。评价不能简单地淘汰失败者，而应鼓励其进步。

④ 通过这些改革，教育评价才能在终身教育过程中发挥更好的诊断、反馈、调整和鼓励的作用。

（3）在教学过程中，教师应该：

第一，关注每个学生的个别起点，而不进行简单的结果对比；

第二，重视过程评价，及时了解学生在学习过程中的问题和进步；

第三，使用多种评价方式，不仅仅依赖考试结果；

第四，提供个性化指导和鼓励，帮助每个学生进步；

第五，发挥评价的诊断和反馈功能，调整教学策略。

只有做到这些，教师才能让评价真正帮助每位学生得到成长，而不是简单地淘汰。

3. 分析下列材料所揭示的问题及其原因，并论述如何通过课堂教学组织形式的改进促进教学过程中的机会均等。

每个教师都意识到应努力为班内的所有学生提供均等的学习机会，然而，群体教学中的实际情况与这种理想相差甚远。对师生在课堂里相互作用所进行的观察表明：教师（十分无意识地）针对某些学生进行教学与讲解，而忽视了其他学生。教师给予了某些学生更多的积极强化与鼓励，鼓励他们积极参与课堂讨论以及回答问题，对待其他学生就并非如此。一般说来，教师对班内三分之一或四分之一的优秀生最为关注并给予最多的鼓励，班内半数较差的学生所得到的关注与帮助最少。师生之间关系的这些差异使得一些学生得到了（其他学生所得不到的）更多的机会与鼓励。

〉〉〉 参考答案

（1）材料所揭示的问题是：在集体教学实践过程中，尤其是班级授课制的组织形式下，教师没有为所有学生提供均等的学习机会。

（2）造成上述问题的原因有：

① 在组织形式上：现行的教学组织形式是班级授课制。班级授课制是传统的课堂教学组织形式，是教师在特定的时间、地点对特定的以班级为单位的学生进行授课的一种方式。这种教学组织形式的优点在于可以较大规模地培养学生、省时省力，具有较高的效率，还可以发挥集体的作用，通过集体间的竞争合作促使学生更高效地学习。

但是班级授课制也存在缺陷，在教学过程中，由于班级人数的限制、教学进度的安排等，不可避免地使教师忽略甚至遗忘部分学生。

② 在教学原则的贯彻上：虽然教师能意识到给学生提供均等的机

会，在教学中贯穿因材施教的原则，但是在实际中运用起来还是存在困难。

③ 在教学评价上：评价标准以成绩为主，对教师教学质量的考查目前也以分数为导向，这使教师习惯性地偏向于成绩较为优异的学生。

（3）改进策略

教育公平是我们永恒的追求。教学过程中的机会均等是体现教育公平的重要方面。为克服班级授课制的局限性，使每位同学都能积极参与课堂互动，可以考虑改进教学组织形式，如：

① 加强个别辅导与个别化教学。可以利用程序教学、掌握学习的方式对学生进行因材施教。

② 采用分组教学的教学方式。教师可以根据学生的能力或成绩，将学生分成不同的小组进行教学。

③ 开展小组合作学习。教师可以将学生划分学习小组，明确学生的责任分工，调动学生的积极性。

④ 利用现代化的设备，合理使用慕课、翻转课堂、混合教学等方式，突破班级授课制的时空限制，进行更好的针对性教育。

> 第八章
> 德育

一、重要名词及选择题考点

1. 德育

德育的概念有广义和狭义之分。

（1）广义的德育是指教育者根据一定的社会要求和受教育者身心发展的规律，有目的、有计划、有组织地在受教育者身上培养所期望的政治素质、思想素质、道德素质、法律素质等，以促进他们成为合格的社会成员的过程。它包括政治教育、思想教育、道德教育、法治教育。

（2）狭义的德育专指道德教育。简言之，德育就是教师有目的地培养学生品德的过程。

2. 德育过程

（1）德育过程是教育者根据一定社会的要求及受教育者思想品德形成规律，对受教育者有目的地施加影响，通过受教育者能动地认识、体验和实践，从而使其养成教育者所期望的思想品德的教育活动过程。

（2）德育过程有如下特点：德育过程是教师引导下学生能动的道德活动过程；德育过程是促进学生知、情、意、行相统一的过程；德育过程是提高学生自我教育能力的过程；德育过程是促进学生品德发展矛盾积极转化的过程。

3. 道德认知发展模式

皮亚杰主要研究了4~12岁儿童的道德观念，他用对偶故事的观察实验进行研究，揭示了儿童道德认知发展的总规律，即儿童道德的发展经历了他律到自律的转化过程。

在皮亚杰的道德发展阶段理论的基础上，科尔伯格通过道德两难故事法研究道德发展问题，开创性地提出了著名的三种水平六个阶段的道德发展阶段理论。

4. 体谅模式

体谅模式与道德认知发展模式强调道德认知发展不同，它把道德情感的培养置于中心地位，代表人物为麦克菲尔。

5. 价值澄清模式

价值澄清模式是针对美国儿童在多元社会中面对多种价值观的选择而提出的理论，代表人物主要有拉思斯、哈明、西蒙、鲍姆等。

价值澄清模式的七个步骤：第一阶段：选择阶段。① 完全自由地选择。② 在尽可能广泛的范围内再进行自由选择。③ 对每一种选择的可能后果进行审慎思考后做出选择。第二阶段：赞赏阶段：④ 做出喜欢的选择并对选择感到满意。⑤ 乐于向别人公布自己的选择。第三阶段：行动阶段：⑥ 根据做出的选择行事。⑦ 作为一种生活方式不断重复。

二、材料分析题

1. 分析下述案例，并按要求回答问题。

小明对同桌小亮说："我的橡皮掉到你那边了，给我捡一下。"小亮捡起来后手拿着橡皮笑呵呵地说："你不谢谢我吗？"小明不以为然地说："这有什么可谢的！"小亮脸色顿时一暗，把手里的橡皮放到小明桌子上，继续看书，一言不发……

张老师恰好看见了这一幕，她觉得小明的行为确实让人寒心。小亮为小明捡起橡皮，明明只是以开玩笑的语气想要得到一句"谢谢"，但小明却连这两个字都不愿意说，小亮失望的眼神让张老师至今都无法忘记。

张老师第一时间约小明在办公室谈心。张老师问小明："为什么不说'谢谢'？"，他依旧不以为然地说："不就捡一下橡皮吗？这么小的事有什么可谢的！"张老师告诉他，事情无关大小，但感恩之心必须常在。一声"谢谢",只需一秒钟的时间,但足以温暖人心。经过长时间地沟通之后,小明同学的态度略有转变,但张老师知道,这还远远不够。

张老师深知设身处地、换位思考,才能真正体会当事人的心情,所以张老师决定"以其人之道还治其人之身",让小明将心比心,体会小亮的感受。

张老师假装不小心把笔掉到地上,对小明说:"捡一下。"小明捡起来交给张老师之后,张老师又把书碰到地上,还是说:"捡一下。"反反复复好多次,张老师一次比一次扔得远,小明终于忍不住地说:"老师,我都快累死了,你折腾我是为什么啊?"张老师说:"看来你也知道捡东西会累啊,那小亮帮你捡橡皮也是付出了辛苦啊!"小明愣了一下,没再说话。张老师又说:"从开始到现在,我一直用命令的语气让你捡起来,而且一句'谢谢'都没说,你感觉又委屈又生气,那如果我对你说'可以麻烦你帮我捡一下东西吗?谢谢你',那样你还会觉得委屈难过吗?"小明慢慢地低下头,摇了摇头说:"不会。老师,我知道错了。"

小明已有所改变,但更大的问题是还有不少同学缺乏感恩之心。为了让更多的学生获得感恩教育,张老师精心准备了"孩子,请做一个感恩的人"主题教育,让每个人写一封信,交给自己想要感谢的那个人。大家纷纷写了起来。后来张老师看到小明把自己写的信给了同桌小亮。小亮看了信之后,脸上渐渐露出了微笑,主动伸出手和小明击了个掌。

这次主题教育让不少同学冰释前嫌,还有一些学生写信给了自己的父母,张老师也收到了一些信。如此来看,用这种方式进行感恩教育,值得推广。

请回答:

从品德结构的角度,评价案例中张老师的德育方法、德育原则的效果。

>>> 参考答案

学生的品德包含了道德认知、道德情感和道德行为三个方面。

（1）道德认知方面

张老师针对道德认知采用了"说服教育法"和"正面引导和纪律约束相结合原则"。

① 说服教育法：说服教育是通过摆事实、讲道理，使学生明辨是非、提高认识、形成正确观点的德育方法。

② 正面引导和纪律约束相结合原则：正面引导和纪律约束相结合原则又称疏导原则、循循善诱原则，是指在德育过程中，以事实、道理、榜样等进行启发诱导，同时制定必要的规章制度进行约束。

③ 效果：张老师通过约小明谈心的方式，采用说服教育的方法，帮助他认识到感恩的重要性，属于对小明道德认知方面的影响，起到了初步效果。

（2）道德情感方面

张老师针对道德情感采用了"情感陶冶法"和"严格要求与尊重信任相结合原则"。

① 情感陶冶法：情感陶冶法是通过创设良好的情境，对学生进行积极感化和熏陶，潜移默化地培养学生品德的德育方法。

② 严格要求与尊重信任相结合原则：指在德育过程中，要把对学生的思想和行为的严格要求与对他们个人的尊重和信赖结合起来，使教育者对学生的影响与要求易于转化为学生的品德。

③ 效果：张老师"以其人之道还治其人之身"，通过真实情境的创设，让小明设身处地、换位思考，真正体会小亮的心情，对小明的道德情感产生了影响。

（3）道德行为方面

张老师针对道德行为采用了"实践锻炼法"和"知行统一原则"。

① 实践锻炼法：实践锻炼法是有目的、有计划地组织学生参加各种实践活动，以培养他们形成良好品德、良好行为习惯的德育方法。

② 知行统一原则：指在德育过程中，以学生的现实生活为基点，联系学生生活，引导学生把思想政治观念和社会道德规范的学习同参与实际生活的实践结合起来，提高思想道德境界与养成道德行为习惯结合起来，以达到言行一致。

③ 效果：张老师通过组织主题教育，让学生以写一封信的方式表达感恩，对小明和同学的道德行为产生了积极影响。

2. 阅读下列案例，并按要求回答问题。

初中生王力擅长绘画，也是个要求上进的学生，但他行为散漫且无纪律，常画些小动物，写上同学的名字来取笑。当班主任李老师批评他时，他低着头，声音颤颤地说："老师，我错了，以后再也不……"李老师温和地说："喜欢画画没错啊，可画家是用画笔来表达思想情感的，应歌颂美的事物。"说到这儿，王力的头又低了下去。李老师接着说："咱们班想请你负责板报，你要把特长充分发挥出来。"他一听，高兴地说"老师，我保证把板报画好！"此后，王力发生了不小的变化，画板报也很认真负责。

有一天，宣传委员找到李老师，气呼呼地说"李老师，王力把板报全擦了，还说我们是笨蛋，我们的字配不上他的画，他画得再好，我们也得不了奖！"李老师一进教室，便看见王力也在生气，他说他担心班级的板报得不到名次。李老师肯定了他热爱集体，精心设计的工作态度，接着又帮他分析了个人与集体的关系，教育他要尊重别人的劳动，树立集体的荣誉观。他频频点头，虚心承认了错误，并保证重新设计，完善板报，结果获得了二等奖。

王力的进步是可喜的，但有时还比较散漫，认为只要笔下有功夫，其他无关紧要。在学校举办的"新风画展"评比中，他认为夺魁稳操胜券，结果只得了第四名，便非常失望。李老师问他对评选结果有何感想，他振振有词："李老师，我认为被评为第四名的原因有两条，一是我的画位置摆得不好；二是同学们不会欣赏水墨画。"李老师严肃地说：你的画立意不够深，境界不够高，从你画上的题诗来看，语言比较贫乏，语句也不是很通顺。如果你想当画家，应严格要求自己，树立正确的人生观，努力学习好各门功课，打好文化基础。"听完李老师的话，王力脸红了，额头渗出了汗珠。后来，王力像变了一个人，各方面都取得了长足的进步。

请回答：

（1）班主任李老师的做法主要体现了哪些德育原则？

（2）李老师的做法起到了什么样的教育效果？

>>> **参考答案**

（1）材料中，李老师的做法体现了正面引导与纪律约束相结合的原则，尊重学生与严格要求学生相结合的原则（严慈相济原则），发挥积极因素、克服消极因素的原则（长善救失原则），因材施教原则。

① 李老师贯彻了正面引导与纪律约束相结合的原则。该原则是指在德育过程中，以事实、道理、榜样等对学生启发诱导，同时制定必要的规章制度对学生进行约束。

材料中，当王力画画取笑同学、与同学产生矛盾、在绘画比赛中成绩不理想时，李老师都及时与王力沟通，循循善诱，对其进行鼓励，帮助王力提高认识，体现了该原则。

② 李老师贯彻了尊重学生与严格要求学生相结合的原则。该原则要求教师既要尊重信任学生，又要对学生提出严格的要求，把严和爱有机结合起来。

材料中，当王力目无纪律、画画取笑同学时，李老师并未一味指责，而是肯定其画画的兴趣，做到了尊重学生；当王力与同学产生矛盾、在绘画比赛名次不佳后推卸责任时，李老师及时对其进行教育，做到了严格要求学生。

③ 李老师贯彻了发挥积极因素、克服消极因素的原则。该原则是指教育者要善于依靠、发扬学生自身的长处，调动学生自我教育的积极性，克服消极因素，实现品德发展内部矛盾的转化。

材料中，李老师利用王力擅长画画这一优势引导其改正行为散漫等缺点，体现了该原则。

④ 李老师贯彻了因材施教原则。该原则是指教育者在进行德育时，要从学生品德发展的实际出发，根据学生的年龄特征和个性差异进行不同的教育。

材料中，李老师的一系列教育措施都是根据王力的特点提出的，做到了因材施教。

（2）李老师的做法起到了以下教育效果：

① 激发了王力的学习兴趣和潜能，使他的绘画特长得到发挥。

② 帮助王力树立正确的价值观念，形成良好的品行。促使王力认识到自身的不足，进而努力改进自身的短板。王力的各种不良表现得到纠正，各方面素质得到全面提高。

③ 师生关系更加和睦，王力与同学之间的关系也有所改善。

第九章
教师与学生

一、重要名词及选择题考点

1. 教师的概念

教师是履行教育教学职责的专业人员，承担教书育人、培养社会主义事业建设者和接班人、提高民族素质的使命。广义上，教师即教育者。狭义上，教师专指学校的专职教师。

2. 教师劳动的特点

（1）示范性：是教师劳动最突出的特点。

（2）复杂性：教育过程本来就是一个复杂的活动过程。

（3）创造性：劳动性质和劳动对象的特殊性决定了教师劳动的创造性。

（4）合作性：教师的劳动具有连续性、依赖性和前后的一致性。

（5）长期性和长效性：一方面，教师对学生的影响不是短时间内就可以完成的，而是一个长期、动态的过程；另一方面，教育具有长效性，即教师对学生的影响并不是一时的。

3. 教师的作用

教师是人类文化的传播者和发展者。教师是社会物质文明和精神文明建设的推动者。教师是学生成长的引领者。

4. 教师的专业素养

教师应具备三个方面的素养：专业理想、专业知识与专业能力。

5. 舒尔曼关于教师知识的分类

（1）内容知识：学科本位的知识基础，教师必须对所任教的学科有专业的和深刻的认识。

（2）学科教学知识：教授这些知识所需要的教学技巧。

（3）学习者的知识：认识学习理论和学习者的特征，如教育心理学、发展心理学和学生辅导等。

（4）一般教学法知识：针对所有课堂的管理与组织的理念和战略，如讨论法、讲授法（适用于所有学科）。

（5）课程知识：课程的基本理论以及对学校课程的认识。

（6）教育脉络知识：了解教师群体的文化特征，学校、社区及政府政策之间的关系。

（7）目的、价值、哲学和社会背景知识：教育哲学、教育社会学、教育价值的知识。

6. 富勒的教师专业发展理论

（1）关注生存阶段

这是教师成长的起始阶段，处于这个阶段的一般是新手型教师，他们非常关注自己的生存适应性。他们经常注重自己在学生、同事以及学校领导心目中的地位，出于这种生存忧虑，教师会把大量的时间用于处理人际关系或者管理学生上。

（2）关注情境阶段

当教师感到自己在新的教学岗位上已经站稳了脚跟后，会将注意力转移到提高教学工作的质量上来，如关注学生学习成绩的提高、关心班集体的建设、关注自己备课是否充分等。

（3）关注学生阶段

在这一阶段，教师能够考虑到学生的个别差异，认识到不同年龄阶段的学生有不同的发展水平，具有不同的情感和社会需要，因此，教师应该因材施教。可以说，能否自觉关注学生是衡量一个教师是否成长、成熟的重要标志。

7. 教师的权利和义务

教师的权利：教育教学自主权；学术自由权；指导评价权；报酬待遇休假权；参与民主管理权；参与进修培训权。

教师的义务：遵法履德，为人师表；完成教育教学工作任务；对学生进行全面教育；关心、爱护和尊重学生；制止、批评和抵制有害于学生的行为；不断提高思想政治觉悟和教育教学业务水平。

8. 学生观

学生是未成熟的人，学生是有主体性的人，学生是有独特性的人，学生是有特定权责的人。学生以系统学习间接经验为主，具有主体性、独立性、选择性、个体性、创造性、自我意识、差异性和明显的发展特征。

9. 学生的权利和义务

与学习活动直接相关的权利：上课及参加课外活动的权利、获得物质帮助的权利、获得公正评价和学业证书的权利、表达个人意愿的权利。

与学习活动直接相关的义务：上课及参加课外活动的义务、遵守学校的作息制度和学习纪律的义务、完成规定学习任务的义务、遵守中小学生守则和日常行为规范的义务。

10. 师生关系的特点

（1）在人格上：师生之间是平等的关系。师生双方均具有独立的人格，享有法律法规规定的各项权利。

（2）在道德上：师生之间是相互影响、相互促进的关系。

（3）在内容上：师生之间是传授与接受的关系。在教育中，教师传授知识，学生能动地接受知识。

（4）在教学上：师生之间是主导与主体的关系。在教学中，教师发挥主导作用，学生居于主体地位。

11. 师生关系的标准

良好的师生关系应该是：尊师爱生，相互配合、民主平等，和谐亲密、教学相长，心理相容。

12. 良好的师生关系建立的途径和方法

（1）了解和研究学生，树立新型师生观。

（2）公平对待学生，建立教师威信。

（3）主动与学生沟通，善于与学生交往。

（4）努力提高自我修养，发扬教育民主。

阅读材料，并按要求回答问题。

学生：老师，有一道题我想了很久也做不出来。

教师：哪道题？

学生：您看，就是这道。

教师：我就不看了，你也不要看，用自己的话讲给我听吧。

学生：这道题说，一个班有 38 个同学，每个男生交了 2 粒种子，每个女生交了 4 粒种子，全班同学一共交了 116 粒种子，题目要我算出：这个班有多少个男生，有多少个女生？

教师：这种题对你们小学生是蛮难的，到了初中就不难了。但是，你现在用自己学过的数学知识也能解决这道难题。

学生：太难了，我不会。

教师：你会的！你先猜猜看，男生女生各有多少？

学生：啊，数学题还可以蒙呀？

教师：对，试试看，说不定你猜对了呢。

学生：我猜一半是男生，一半是女生。

教师：一半是多少？

学生：$38 \div 2 = 19$，19 个男生，19 个女生。

教师：你再验算一下，看看有没有猜对。

学生：$2 \times 19 = 38$，$4 \times 19 = 76$，$38 + 76 = 114$，老师，我猜错了。

教师：跟题目里说的总数比，还差多少？

学生：$116 - 114 = 2$，差 2 粒。老师，我知道了！我多猜了 1 个男生，少猜了 1 个女生。

教师：嗯，你怎么算出刚才你少猜了 1 个女生的呢？

学生：$4 - 2 = 2$，每个女生比每个男生多交 2 粒种子；$2 \div 2 = 1$，所以，我刚才少猜了 1 个女生，多猜了 1 个男生。

教师：那么，答案是什么？

学生：这个班有 $19 + 1 = 20$ 个女生，有 $19 - 1 = 18$ 个男生。

教师：你肯定这是正确答案吗？

学生：我验算一下，4×20=80，2×18=36，80＋36=116，答案正确。太好了！谢谢老师教我！

教师：这道难题是你自己解决的，我只是问你，并没有教你。你仔细回想一下，是不是这样？

学生：老师，好像真是这样——您只是一个劲儿地问我，答案是我自己找到的。

教师：对呀，你本来就会，你本来就有这些知识。我问你几句，你就想起来了。知道吗？你先假设"男生女生各一半"，这种解法我还真是第一次碰到呢。你教了我一种新的解法，我应该谢谢你才是！

学生：嘿嘿，老师，先假设"这个班全都是男生"，可以吗？

教师：你试试看就知道可不可以了。

请回答：

（1）评析教例中教学内容难度的适切性。

（2）评析教例中教师采用的教学方法。

（3）评析教例中体现的师生关系。

》》》 **参考答案**

（1）苏联心理学家维果茨基提出了著名的最近发展区理论，所谓"最近发展区"指的是儿童的现有的发展水平和在成人或他人指导下所能达到的发展水平之间的差距。教学应当走在儿童发展的前面。

教例中的教学内容具备一定的难度，是学生"想了很久"但"做不出来"的问题，同时，该教学内容也不过分超出学生的能力范围，学生可以在教师的引导和帮助下顺利得到答案，解决问题。

因此，教例中的教学内容具备适切性，符合最近发展区理论的要求，该教学内容有一定的难度，走在了学生发展的前面；但是又不过分超出学生能力范围，使得学生能够在教师的引导下顺利解决男女生的种子问题，切实提升学生的数学水平。

（2）教例中教师使用了谈话法、讨论法以及启发法。

谈话法是通过师生问答、对话的形式来引导学生思考、探究，以获取或巩固知识，促进学生智能发展的方法。教例中的教师通过问答的方式引导学生调动已有的数学知识与经验，在谈话中帮助学生解决问题，提高数学水平。

讨论法是学生在教师指导下为解决某个问题而进行探讨、评析，以辨明是非、获取真知、锻炼思维和独立思考能力的方法。教例中的教师通过师生间讨论的方式激发学生的思维，调动学生的积极性，与学生共同探讨种子问题的解决之道。

启发法是指教师在教学中要激发学生的学习主体性，引导他们经过独立思考与积极探索，自觉地掌握科学知识与提高分析问题和解决问题的能力的方法。教例中的教师没有直接告诉学生问题的答案，而是立足于学生的最近发展区启发学生独立思考、积极探索，引导学生自己动脑解决种子问题。

教例中的教师具备较好的教学技巧，能够通过谈话法、讨论法以及启发法引导学生积极思考，自己找到解决问题的方法，切实提高了该生的数学学习能力以及逻辑思考能力。

（3）师生关系是指教师和学生在教育教学过程中结成的相互关系，包括彼此所处的地位、作用和相互对待的态度等。教例中师生关系体现在以下几个方面：

第一，在人格上是平等的关系。教例中的师生双方均具有独立的人格，教师与学生针对种子问题平等地进行交流与讨论。

第二，道德上是相互影响、相互促进的关系。教例中的学生在教师的引导下积极思考，逐步得到最终答案，而教师也有所收获，表示："你教了我一种新的解法，我应该谢谢你才是！"

第三，教学上是主导与主体的关系。教例中的教师发挥主导作用，在种子问题上对学生进行引导，而学生居于主体地位，在教师的引导下积极求索，"自己算出"种子问题的答案。

第四，在学识上是教学相长的关系。学生在教师的鼓励和帮助下，学有所得；教师在这个过程中，也能感受到学生思维的独特性，对种子问题的解法有了新的认识，教有所得。这体现了教学相长。

教例中的师生关系符合尊师爱生、相互配合、民主平等、和谐亲密以及教学相长、心理相容的良好师生关系的标准。

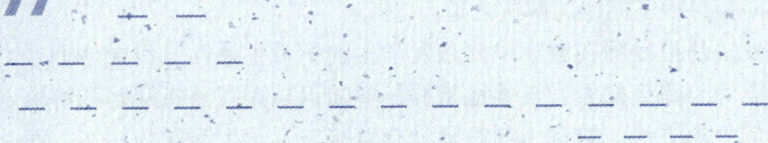

中国教育史

第一章

西周官学制度的建立与"六艺"教育的形成

▎重要名词及选择题考点

1. 西周六艺教育

六艺教育即以"六艺"为基本教育内容的教育。六艺教育起源于夏代，商代有所发展，西周在继承基础上，发展更为丰富，是西周教育的特征和标志。六艺即礼、乐、射、御、书、数。

（1）礼乐是六艺教育的核心，礼乐密切配合，"乐所以修内，礼所以修外"。礼的内容很广，凡政治、伦理、道德、礼仪皆属于礼，社会各个方面都不能没有礼。乐教是当时的艺术教育，包括诗歌、音乐、舞蹈，具有多方面教育功能。

（2）射指射箭的技术训练，御指驾驭马拉战车的技术训练。

（3）书指的是文字，数指的是算法。书和数是文化基础的知识技能，作为小艺，安排在小学学习。大学比小学的程度高，学习礼、乐、射、御。

六艺教育文武兼备，智能兼求。它既重视思想道德，也重视文化知识；既重视传统文化，也注意实用技能；既重文事，也重武备；既符合礼仪规范，也要求内心情感修养。

2. 西周学在官府

奴隶主贵族建立国家机构，设官分职，为了管理的需要，制定法纪规章，汇集成专书，由当官者掌握。这种现象在历史上称为"学术官守"，并由此造成学在官府、官师合一、政教合一。

造成学在官府的客观原因是："惟官有书，而民无书；惟官有器，而民无器；惟官有学，而民无学"。

3. 西周大学与小学

（1）大学有不同的名称——"天子曰辟雍，诸侯曰泮宫"。

（2）辟雍是教射的地方，北边的堂室为上庠，是教书的地方，由诏书者主持；南边的堂室是成均，教乐的地方，由大司乐主持；西边的堂室是瞽宗，教礼仪的地方，由礼官主持；东边的堂室是东序，教干戈羽籥（一种武舞）的地方，由乐师主持。

（3）大学学大艺、履大节，以礼乐为重，射御次之。

（4）小学注重德行教育，即德、行、艺、仪几方面，实际上是关于奴隶主贵族道德行为准则和社会生活知识技能的基本训练。

4. 西周国学与乡学

（1）设在王都的大学与小学，总称为国学。

（2）设在王都郊外六乡行政区中的地方学校，总称为乡学。

5. 西周家庭教育

（1）教育内容注重基本生活技能和习惯的教育。教授初级的数的观念、方位观念和时间观念。

（2）道德教育注重尊敬长辈的礼节和初步的礼仪规则。

（3）教育原则注重男女有别、注重年龄阶段、明显的计划性。

第二章

私人讲学的兴起与传统教育思想的奠基

一、重要名词及选择题考点

1. 素丝说

关于人性论，墨子提出了"素丝说"："染于苍则苍，染于黄则黄，所入者变，其色亦变。"人性如同待染的素丝，下什么样的染缸，就成什么颜色的丝，即什么样的环境与教育就造就什么样的人，体现了人性平等的观点。

2. 四书五经

四书五经是儒家经典著作。四书指《论语》《孟子》《大学》和《中庸》，五经指的是《诗经》《尚书》《礼记》《周易》和《春秋》。

3.《大学》

《大学》是《礼记》中的一篇，与《中庸》《论语》《孟子》合称为"四书"。

（1）《大学》着重阐明大学教育的纲领，提出了"三纲领、八条目"的主张。大学之道，在明明德，在亲民，在止于至善。

（2）《大学》提出为学过程是"格物、致知、诚意、正心、修身、齐家、治国、平天下"。

（3）"三纲领""八条目"层层推进，对后世文人起着重要的指引作用，至今仍有现实意义。

4. 八条目

"八条目"是《大学》篇所提的内容，包括"格物、致知、诚意、正心、修身、齐家、治国、平天下"。

（1）"格物、致知"：探究事物的原理，从中获得智慧，是对客观准则的体会与把握。

（2）"诚意、正心"：意必真诚而不自欺，心要端正而不存邪念，是对意识、情感、情绪的把握。

（3）"修身"：是"齐家、治国、平天下"之本，是"八条目"的中心环节。

（4）"齐家、治国、平天下"：是"修身"的扩大化，是在更高层次上的实现。

5. 稷下学宫

稷下学宫是战国时期齐国的文化圣地，是战国时期百家争鸣的中心缩影，东方文化教育和学术教育的中心体验。稷下学宫以官方操办、私家主持为办学模式，是一所集讲学、著述、育才活动为一体，兼有咨政议政作用的高等学府。

其特点如下：（1）学术自由、包容百家、各派地位平等、相互包容相互争鸣、政治待遇和物质待遇优厚，可以不治而议论，充分尊重了学者的人格和主张。（2）产生了我国第一个学生守则《弟子职》。（3）显示了中国古代士人的独立性和创造精神，创造了出色的教育典范，具有重大历史意义。稷下学宫的不治而议论的特点留给后人以思考。

6. 有教无类

"有教无类"是孔子提出的办学方针，其含义是指不分贵贱、贫富和种族，人人都可以接受教育。孔子曾说："自行束脩以上，吾未尝无诲焉"，正是有教无类教育方针的体现。

7. 孔子六艺

孔子的六本教材：《诗》《书》《礼》《乐》《易》《春秋》。《诗》是中国最早的诗歌总集，类型分为风、雅、颂；《书》指《尚书》，是古代历史文献汇编；《礼》又称为《士礼》《仪礼》；"乐"是各种美育教育的总称，《乐》传至秦因焚书而散佚；《易》即《周易》；《春秋》是我国现存第一部编年史，属于历史教材。孔子的教育内容偏重社会人事，偏重文事，轻视科技与生产劳动。

8. 孟子三乐

孟子"三乐"："父母俱存，兄弟无故，一乐也；仰不愧于天，俯不怍于人，二乐也；得天下英才而教育之，三乐也"。这是中国教育史上第一次将"教""育"二字连用。

9. 儒墨对比

相对于儒家，墨家不重视文史教育，更注重科技教育和培养思维能力的教育。

墨家在古代逻辑学史上首先提出"类""故"的概念，提出"察类明故"的命题，要求人们懂得运用类推和求故的方法。

在教学方法上，墨家主张主动、创造、实践、量力的教学方法。就学生的知识水平而言，应该量力而教："深其深，浅其浅，益其益，尊其尊"，即面对不同的学生要根据他们自身的发展水平来进行教育。

10. 荀子教育目的

荀子认为教育应以培养大儒作为理想目标。儒者可以分为俗儒、雅儒和大儒。

（1）俗儒：徒然学得儒者的外表，宽衣博带，但只会教条式地诵读《诗》《书》。人格低下，谄谀当权者。

（2）雅儒：言行已能合《诗》《书》的精神，不侈谈先王，懂得取法后王。

（3）大儒：能"以浅持博，以古持今，以一持万"。

11. 荀子关于人才的培养

荀子把人才分为国宝、国器、国用、国妖。

（1）国宝：言行俱佳者。

（2）国器：拙于言而擅长行者。

（3）国用：长于言而拙于行者。

（4）国妖：口言善，身行恶者。

敬其宝、爱其器、任其用、除其妖。

12. 孟子四心

孟子主张：恻隐之心，人皆有之；羞恶之心，人皆有之；恭敬之心，人皆有之；是非之心，人皆有之。

恻隐之心，仁也；羞恶之心，义也；恭敬之心，礼也；是非之心，智也。

1. 简述荀子的学习过程。
2. 试比较孟荀教育思想的异同。
3. 简述《中庸》的基本思想。
4. 论述墨家的教育特色。
5. 简述《学记》的教育教学原则及其含义。
6. 论孔子和荀子的教师观，结合时代背景分析其变化。
7. 简述学记中的教师观。

>>> **参考答案**

1. 简述荀子的学习过程。

荀子提出了"闻见知行"的学习过程，有着丰富的内涵。

（1）闻见：闻见是学习的起点、基础和知识的来源。人的学习开始于耳、目、口、形等感官对外界的接触。不同感官与不同种类的事物或事物的不同属性相接触后，就形成了不同的感觉，使进一步的学习活动成为可能。"闻见之所未至，则知不能类也。"

（2）知：知是在闻见基础上的发展。荀子认为，"知通统类，如是则可谓大儒矣"，主张学习并善于运用思维的功能去把握事物的本质与规律。荀子主张，"兼陈万物而中悬衡"，即认知时不偏执于某一事物和事物的某一方面，对事物做全面、广泛的比较、分析、综合，从而做到"虚壹而静"，最终达到大清明的状态，即在积极活动的同时在更高水平上清醒地把握知识。

（3）行：行是最后的落脚点，是学习必不可少的也是最高的阶段。荀子主张，"君子之学也，入乎耳，箸乎心，布乎四体，形乎动静"。由学、思得到的知识还带有假设的性质，最终是否切实可靠，唯有通过行才能得到验证。荀子所说的行，同样也是指人的社会实践。

2. 试比较孟荀教育思想的异同。

孟子和荀子都是儒家学派的主要代表人物，他们的思想既有共同点，也有不同之处。

（1）相同点。

一是他们都注重教育的作用：孟子和荀子对人性有着不同的看法，但是都重视教育的作用，认为人的发展离不开教育。

二是他们都主张对儒家经典的学习：孟子和荀子都是儒家学派的代表人物。

（2）不同点：孟子和荀子的不同之处主要体现在人性论、教育作用、教育目的、教学内容、教学方法这五个方面。

① 在人性论方面：孟子主张人性本善，认为恻隐之心、羞恶之心、恭敬之心、是非之心人皆有之，认为"人皆可以为尧舜"。荀子则认为人性本恶，但不是绝对恶，主张"性伪之分"。"伪"指人为，先天人性是恶的，但是可以通过教育促成人为，使之向善，达到"性伪之合"，而教育的作用就是"化性起伪"。

② 在教育作用方面：孟子认为教育的作用在于引导人保存、找回和扩充其固有的善端；荀子则认为教育的作用是"化性起伪"。

③ 在教育目的方面：孟子认为教育是为了明人伦；荀子的教育目的在于培养大儒。

④ 在教育内容方面：孟子认为"尽信《书》，则不如无《书》"；荀子则十分重视儒家经典的学习。

⑤ 在教学方法方面：孟子注重自发，强调"深造自得""盈科而进""教亦多术""专心致志"；荀子则主张"闻见—知—行"，强调闻见是学习的起点、基础和知识的来源，而知是在闻见基础上的发展，强调"兼陈万物而中悬衡"，做到"虚壹而静"，强调学习最终要体现在行上，即"君子之学也，入乎耳，箸乎心，布乎四体，形乎动静"。

3. 简述《中庸》的基本思想。

《中庸》是《礼记》中的一篇，与《大学》《论语》《孟子》合称为"四书"。《中庸》着重阐明了儒家的人生哲学与修养之道，具有丰富的内涵。

（1）性与教：《中庸》集中探讨了天性与教育的关系，提出了"天命之谓性，率性之谓道，修道之谓教"。

（2）中庸：《中庸》主张人们应保持中正的态度，以恰到好处为处事原则，杜绝过激的行为，即"喜怒哀乐之未发，谓之中；发而皆中节，谓之和"。

（3）修养之道：《中庸》提出两条途径，"自诚明，谓之性"，强调"尊德性"，即发掘人的内在天性，从而达到对外界的认知；"自明诚，谓之教"，强调"道问学"，即通过向外部世界的求知，发扬人的内在本性。

（4）为学之序：《中庸》提出"博学之，审问之，慎思之，明辨之，笃行之"的学习顺序，把学习过程具体概括为学、问、思、辨、行五个前后相继的步骤，高度概括了知识获得过程的基本环节与顺序。

4. 论述墨家教育特色。

墨家是中国古代春秋战国时期的诸子百家之一，创始人为墨子。墨家代表"农与工肆之人"的利益，在教育领域有自身的特色。

（1）在人性论方面，墨家主张"素丝说"，即"染于苍则苍，染于黄则黄，所入者变，其色亦变"。人性如同待染的素丝，下什么样的染缸，就成什么颜色的丝，有什么样的环境与教育就造就什么样的人。这体现了人性平等的观点。

（2）在教育作用方面，墨家认为教育可以"兴天下之利，除天下之害"，有助于建立一个"兼爱"社会；同时教育对造就人起着重要作用。

（3）在教育目的方面，墨家主张培养"兼士"或"贤士"，并相应地提出了三条标准，即"博乎道术""辩乎言谈""厚乎德行"。

（4）在教育内容方面，墨家重视科学和技术教育，不重视文史教育；十分重视培养思维能力的教育，并提出"三表法"；在政治和道德教育方面，主张"兼爱""非攻""节用""节葬"等。

（5）在教育方法方面，墨家主张"主动、创造、实践、量力"。墨家强调"强说人"，与儒家"不叩不鸣"不同；强调创造，注重实践；主张"合其志功而观焉"；强调量力，即对学生"深其深，浅其浅，益其益，尊其尊"。

5. 简述《学记》的教育教学原则及其含义。

《学记》在教育教学的原则上，提出了七项主要的教学原则。

（1）预防性原则：主张"禁于未发之谓预"。

（2）及时施教原则：主张"当其可之谓时"。

（3）循序渐进原则：主张"不陵节而施之谓孙"。

（4）学习观摩原则：主张"相观而善之谓摩"。

（5）长善救失原则：提出"学者有四失，教者必知之。人之学也，或失则多，或失则寡，或失则易，或失则止。此四者，心之莫同也。知其心，然后能救其失也。教也者，长善而救其失者也"。

（6）启发诱导原则：提出"故君子之教，喻也。道而弗牵，强而弗抑，开而弗达。道而弗牵则和，强而弗抑则易，开而弗达则思。和易以思，可谓善喻矣"。

（7）藏息相辅原则：认为"时教必有正业，退息必有居学"。

6. 论孔子和荀子的教师观，结合时代背景分析其变化。

（1）孔子和荀子的教师观。

孔子被誉为"至圣先师"，他是我国古代伟大的教育家，是后世教师的典范，其丰富的教师观包括：

① 学而不厌。孔子自身能做到"发愤忘食，乐以忘忧，不知老之将至云尔"。他认为教师应当掌握广博的知识，不断提高自身修养。

② 诲人不倦。教师应当以教为业、以教为乐，孜孜不倦地教育学生。

③ 温故知新。教师既要了解、掌握过去的政治、历史知识，又要借鉴有益的历史经验认识当代的社会问题，找出解决问题的办法；要知道新旧知识之间的关系，及时复习旧知识，积极探索新知识。

④ 以身作则。教师应做好表率，因为"其身正，不令而行；其身不正，虽令不从"。

⑤ 爱护学生。教师应当关心、爱护学生。

⑥ 教学相长。教师要以教为学，不断提升自我。教学相长后引申为教师的教和学生的学相互促进。

荀子十分重视教师的作用，尊崇教师的地位，其教师观包括：

① 荀子认为教师为治国之本，将教师地位提高到和天地、祖宗并列的位置——天地君亲师。

② 主张教师通过施教参与治理国家。"国将兴，必贵师而重傅。"

③ 荀子强调学生对教师的服从，主张"师云亦云"。

④ 荀子认为为师之道在于有尊严而令人起敬，德高望重，讲课有条理而不违师法，见解精深而表述合理。

（2）孔子和荀子的教师观随时代背景不同而体现出不同的侧重点。

孔子生活的春秋末期，在经济上，奴隶制的生产关系向封建生产关系变革；在政治上，王权已经衰落，政权下移，旧贵族没落，建立在宗法制基础上的周礼遭到破坏，社会动荡不安；在思想意识上，传统观念动摇，"人道""民本""尚贤"的思想得到发展。这种社会环境和文化，对他的思想观念产生了一定的影响。因此，他的教师观侧重对教师良好职业道德的追求，强调师生之间的关系是平等、民主的。

荀子最提倡尊师。这与他当时所处的社会环境和"外铄论"的教育主张相关。他生活在战国末期，社会正大踏步地向统一迈进。国家的统一客观上要求加强对人的思想意识的控制，这种控制是通过教育实现的，而教师是教育的具体实施者，因此，尊师在荀子教育思想中格外重要。

7. 简述《学记》中的教师观。

（1）《学记》主张尊敬教师，认为"凡学之道，严师为难。师严然后道尊，道尊然后民知敬学"。

（2）《学记》把为师、为长、为君视为一个逻辑过程，使为师实际上成为为君的一种素质、一种使命，使尊师具备了更为丰富的内涵。

（3）《学记》对教师的要求是：

①"记问之学，不足以为人师"，强调学识只是为师的条件，而非充分条件。

②"君子既知教之所由兴，又知教之所由废，然后可以为人师也。"懂得教育成败的原理可以为师。

③"君子知至学之难易，而知其美恶，然后能博喻，能博喻然后能为师"。善于在分析达成学习目标的难易程度和学生素质高下的基础上，采用各种有针对性的教学方法，可以为师。

④ 主张教学相长："虽有嘉肴，弗食，不知其旨也；虽有至道，弗学，不知其善也。是故学然后知不足，教然后知困。知不足，然后能自反也；知困，然后能自强也。故曰：教学相长也。"即教师的教和教师的学之间是相互促进的，这是"教学相长"的本意，后引申为教师的教与学生的学之间相互促进。

第三章

儒学独尊与读经做官教育模式的形成

重要名词及选择题考点

1. 鸿都门学

鸿都门学创设于东汉灵帝光和元年，因校址在洛阳鸿都门而得名。

（1）鸿都门学在性质上属于一种研究文学艺术的专门学校。

（2）鸿都门学是统治阶级内部斗争的产物，即宦官派为了培养拥护自己的知识分子而与士族势力占据地盘的太学相抗衡的产物。

2. 太学

太学是汉代的中央官学。元朔五年（公元前 124 年），汉武帝采纳董仲舒的建议，为博士置弟子，标志着太学的正式成立，也标志着以经学教育为基本内容的中国封建教育制度的正式确立。

（1）教师与学生：太学的正式教师是博士，两汉对太学生的称谓有"博士弟子""诸生""太学生"。

（2）教学内容：太学传授的知识为单一的儒家经典。

（3）教学形式：太学建立之初采用个别或小组教学的形式，之后采用"大都授"的教学形式。

（4）考试形式：太学的考试形式是"设科射策"。"策"是教师（主考）出的试题，"射"是用射箭的过程来描述学生对试题的理解和回答过程，"科"是教师（主考）用以评定学生的等级标记。学生学成后，上等给予郎中，中等封为太子舍人，下等可做文学掌故。

3. 文翁兴学

汉景帝时，蜀郡太守文翁到达成都后，深感蜀地地方偏僻，文化落后，有蛮夷之风，便选择属下聪颖吏员 10 余人，到京师向博士学习，学成后回到蜀郡，根据学绩情况给予不同官职。与此同时，他在成都设立学官，在属县中抽调一批年轻人作为学官弟子，跟随学官学习，毕业后委以一定的官职。

儒家思想很快在蜀地传播，改变了当地的风俗，促进了经济的发展。这便是历史上所称颂的"文翁兴学"。汉武帝即位后，对此极为赞赏，将其办学方法在各郡国推行开来。

4. 汉代私学

汉代私学分为书馆和经馆两类。书馆使用的识字教材为《仓颉篇》《凡将篇》《急就篇》。第二阶段的教材为《孝经》《论语》《尔雅》。《尔雅》是一本字书，其目的在于扩大学生的识字面。

经馆的私学弟子分为及门弟子（授业弟子）和著录弟子。教学方法为次相传授。

5. 今古文之争

汉代的两大学术流派为今文经学和古文经学。今文经学多为汉初凭经学大师的记忆、背诵，并采用当时流行的隶书记录下来的六经旧典，发展在先。

古文经学是依据汉武帝时从地下或孔壁中挖掘出来，或通过其他途径保存下来的儒经藏书，初本是先秦的古文字，发展在后。

6. 董仲舒

（1）董仲舒认为，个体行为的动机比行为的效果更具有道德价值。"正其谊（义）不谋其利，明其道不计其功"，正是董仲舒对这一道德修养原则的总概括。

（2）从"独尊儒术"的思想出发，董仲舒主张以"六艺"（《诗》《书》《礼》《乐》《易》《春秋》）培养人才，不提倡学习关于鸟兽草木等自然知识。

7. 王充

（1）王充认为决定人性的因素有三个方面，分别为正性、随性和遭性。其中，"遭性"是一个最易人为控制的因素。他强调胎教。

（2）在教育目的上，王充主张培养文人和鸿儒。文吏"无篇章之诵，不闻仁义之语"；儒生"能说一经""旦夕讲授章句"；通人"博览古今"；文人"上书奏记"，鸿儒可以"精思著文，连结篇章""兴论立说"。

（3）在教育内容上，王充主张"博通百家"。

（4）在教学方法上，王充主张学知与闻见、思考与求是、"问难"与"距师"。

第四章

封建国家教育体制的完善

一、重要名词及选择题考点

1. 科举制

（1）科举制度是中国古代的一种选士制度。隋炀帝大业二年（606年），始设进士科，标志着科举制的正式确立。

（2）1906年科举制正式废除，在我国存在了1300余年。

（3）科举考生的来源有生徒、乡贡。考试的科目分为常科、制科、武科。

（4）考试方法有帖经、口试、墨义、策问、诗赋等。科举考试的特点是个人自愿报考，县州逐级筛选，全国举子定时集中到京都，按科命题，同场竞试，以文艺才能为标准评定成绩，限量择优录取。

2. 魏晋南北朝时期的教育

（1）国子学是西晋时期专门创办的培养贵族子弟的学校。

（2）南朝宋时期，设立了儒学馆、玄学馆、史学馆、文学馆，四馆并列。

（3）宋明帝时期，设立总明观，置祭酒，设儒、玄、文、史四科。

3. 唐朝的官学

（1）中央官学"六学一馆"，其中"六学"指国子学、太学、四门学、书学、算学和律学。"一馆"指广文馆。

（2）国子学、太学和四门学教授内容相同，都是儒家经典，但是招收学生的等级不同，体现了教育的等级性。

（3）书学、算学和律学招收的都是八品以下以及庶人的子弟，但是教授的内容不同，属于专科性质，体现了教育的专门性。

（4）广文馆和科举制度有关系，是准备进士考试的场所，入学不受年龄限制。

（5）官学还有在中央各专职行政机构中附设的学校：医药学校（太医院）、弘文馆（门下省）和崇文馆（东宫）。

（6）唐代的地方官学基本与其行政划分是一致的，主要有州学、县学。最初只有以学习经典为主要内容的经学，后设立了医学、崇玄学。

4. 唐朝的学校管理制度

唐代的学礼制度主要有束脩之礼、国学释奠礼、贡士谒见及使者观礼。

5. 颜之推的教育思想

颜之推主张教育的目标在于培养专门人才，而不仅仅是君子、圣人。主张统治人才必须"德艺周厚"。应以广博知识为教育内容，以读儒家经书为主要教育途径。除此之外，还应包括处于士大夫社会生活中所需要的"杂艺"，即琴、棋、书、画、数、医、射、投壶等。

二、论述题

1. 论述科举制的发展及影响。
2. 简述科举制和学校教育的关系。
3. 论述韩愈《师说》中的教育思想及当代意义。
4. 论述颜之推的家庭教育思想及启示。

》》》 **参考答案**

1. 论述科举制的发展及影响。

科举制是隋代的一大创举，经唐、宋、元、明、清各朝代的发展逐渐完备。科举制度在不同的时代有不同的发展变化，具体表现在：

（1）隋唐。

隋炀帝大业二年（606年），始建进士科，标志着科举制度的正式确立。

（2）宋代。

① 扩大了科举名额，提高了科举及第的待遇，视科举为取士

正途。

②确定了"三年一贡举"：考试周期为三年一试。

③殿试成为定制，实行三级考试制度：州试—省试—殿试。

④建立了新制，防止科场舞弊：设置锁院制、糊名制、别头试、誊录制。

（3）元代。

①民族歧视严重。

②规定从《四书》中出题，以《四书章句集注》为答题标准。

③科举制度日趋严密。

（4）明代。

①建立了科举定式：考试分为童试、乡试、会试、殿试。

②八股文成为固定文体。

③学校教育纳入了科举体系：主张"科举必由学校"。

（5）清代。

①科举成为"国家抡才大典"。

②科场舞弊丛生，积重难返。

③学校成为科举的附庸。

科举制作为我国古代的选士制度，既有积极影响，又有消极影响。其积极影响表现在：

（1）科举制度有利于加强中央集权，通过选拔人才为封建统治服务。

（2）科举制度使选士和育士紧密结合，为学校培养的人才提供了出路。

（3）科举制度的特点是个人自愿报考、县州逐级筛选、全国举子定时集中到京都、按科命题、同场竞试、以文艺才能为标准评定成绩、限量择优录取，这样使选拔人才较为公正客观。

其消极影响表现在：

（1）对于统治集团而言，学校培养人才需要一定的条件，要有人力、物力和财力的投入。而科举考试似乎可以依靠行政权力，选拔人才，在短时间内取得成效。所以，科举制度逐步受到重视，居于主导地位，学校逐渐沦为科举的附庸。

（2）科举制度具有欺骗性，很多人将终身献于科举，以获取功名。

（3）科举束缚思想，败坏学风，使很多学子读书只为了做官求取功名，甚至不惜舞弊。

因此，科举制度的影响需要辩证看待。

2. 简述科举制和学校教育的关系。

（1）科举影响学校的培养目标：① 科举考试是封建时代选拔官员的制度。平民百姓必须经由科举考试的途径，才能跨进入仕做官的行列。学校兴办后，以育才应举为正道，以登科做官为荣誉。② 科举考试选才的基本原则是以文才出众为标准，不是以德才兼备为标志，这对学校的培养方向产生了极深刻的影响。

（2）科举影响学校的教育内容：科举考什么，学校教什么。科举考试不考的，也就不教不学，这就导致一些学生投机取巧，比如选择经书的要点或者直接背诵范文，应付科举。

（3）科举直接影响学校的考试方法：学校在平时或阶段考核中，都尽量仿照科举考试帖经、口问大义的方法。

总之，科举考试对学校教育的影响是多方面的，它对学校教育产生实在的导向作用，使学校逐渐成为科举考试的附庸。

3. 论述韩愈《师说》中的教育思想及当代意义。

韩愈是唐代著名的政治家、思想家。他在思想上倡导儒学、反对佛道，以卫道者自居。他十分重视教师的作用，关于教师的思想体现在其《师说》一文中，主要思想包括：

（1）从"人非生而知之者"出发，肯定"学者必有师"。

韩愈主张，每个人不是生下来就懂得道的，肯定向教师学习的必要性。

（2）"传道、授业、解惑"是教师的基本任务。

韩愈认为，"句读者不足为师"，教师是弘扬道、传授知识、解答学生疑惑的人。

（3）以"道"为求师的标准，认为"学无常师"。

韩愈提出，"弟子不必不如师，师不必贤于弟子"，主张向有道者学习。

（4）提倡"相师"，建立民主性的师生关系。

韩愈强调，要不耻相师，主动学习，尊敬教师，形成良好的师生关系。尊师重教是中华传统文化中的重要价值观，意味着敬重师长、尊重教育、推崇知识。在现代社会，尊师重教的价值意义仍然十分重要，从以下几个方面来看：

建立崇尚教育的社会氛围。尊师重教的文化精神，可以让社会各界认识到教育对于社会和个人的重要性，营造出重视教育、尊重教育的社会氛围，进而推动教育事业的繁荣和发展。

强化教师职业尊严。教师是知识拥有者，是树立良好品德的榜样，是引领学生成长和发展的关键人物。尊师重教的文化精神，可以增强教师职业尊严感，提高他们的社会地位和人格魅力。

培养学生良好的道德观和文化素养。尊师重教的文化精神，可以传递给学生正确的价值观和道德观，培养学生对知识、学问的敬畏和推崇之心。同时，也可以增强学生的文化素养和自我修养，让他们能够更好地理解和欣赏传统文化。

提升教育质量和成果。教育的质量和成果离不开教师对学生的教育引导和培养。尊师重教的文化精神，可以激发教师更高的教育热情和创造力，提高教育质量和教学成果，进而为社会培养出更多的优秀人才。

综上所述，尊师重教是中华传统文化中的重要价值观，具有深远的现实意义。在当代社会中，我们应当积极弘扬这一文化精神，促进教育事业的繁荣和发展。

4. 简述颜之推的家庭教育思想及启示。

家庭教育思想：

（1）重视儿童早期教育，强调及早施教。

幼年时期是奠定基础的重要阶段，长辈应利用好这个教育时机，及早对幼儿进行教育，而且越早越好，理由是：

① 儿童幼年时期，心理纯净，各种思想观念还没有形成，可塑性很大。

② 幼儿时期受外界干扰少，精神专注，记忆力也处于旺盛时期，

能把学习的材料牢牢记住。

（2）主张严与慈相结合的教育原则：不善于教育子女的父母，往往重爱轻教，对幼儿一味溺爱，任其为所欲为，在子女面前没有威信。为了达到教育目的，不论是怒责还是鞭笞，只要是有效的手段都是可以采用的。

（3）强调教育切忌偏宠：不管子女聪慧与否，都应以同样的爱护与教育标准来对待。

（4）重视学习通用语言，不强调方言：父母对儿童学习正确的语言负有重要的责任，不可轻视。

（5）注重儿童道德教育：儿童道德教育应包括以孝悌为中心的人伦道德教育和立志。

启示：

（1）理论上的启示：

家庭教育的重要性：颜之推强调家庭教育对于培养孩子品德和修养的重要性。这一观点在当今依然适用，家庭是孩子最早接触到的社会环境，家庭教育对孩子的成长起着决定性的作用。

父母的责任：现代父母要认识到自己的责任，积极参与孩子的教育，成为良好的榜样。

（2）实践上的启示：

培养孩子的自主性：现代家庭教育应注重培养孩子的自主性，鼓励他们独立思考、解决问题和做出决策。

培养孩子的品德和道德：颜之推注重培养孩子的品德和道德修养，强调孝道、仁爱和诚信等价值观。现代家庭教育也应注重培养孩子的品德和道德修养，帮助他们成为有责任感和正确价值观的人。

（3）之前和当今的启示：

传统文化的传承：颜之推注重对传统文化的传承，他的家庭教育思想与中国传统文化相契合。在当今社会，传承和弘扬传统文化仍然具有重要意义，可以帮助孩子树立正确的价值观、增强文化认同。

现代教育的创新：尽管颜之推的家庭教育思想有其独特的价值，但在现代社会，我们也需要根据时代的变化和教育的需求进行创新。

现代家庭教育需要结合科技、社会变革和全球化的趋势，为孩子提供更全面、多元化的教育。

总的来说，颜之推的家庭教育思想给我们提供了许多有益的启示，包括家庭教育的重要性、父母的责任、培养孩子的自主性和品德修养等。这些启示在现代家庭教育中仍然具有指导意义。

第五章

理学教育思想和学校的改革与发展

一、重要名词及选择题考点

1. 致良知

"致良知"由明代王守仁（阳明）提出，良知不仅是宇宙的造化者，而且也是伦理道德观念。良知具有以下特点：

（1）与生俱来，不学自能，不教自会。

（2）它为人人所具有，不分圣愚。

（3）它不会泯灭，也不会消失。

（4）"良知"也有致命的弱点，即在与外物的接触中，由于受物欲的引诱，会受昏蔽。王守仁认为，教育的作用就在于去除物欲对"良知"的昏蔽。

"学以去其昏蔽"的目的是激发本心所具有的"良知"。教育的作用在于"存天理，灭人欲"。

2. 三舍法

"三舍法"是宋代王安石在"熙宁兴学"中改革太学时所创立的一种考核方法。王安石将太学分为外舍、内舍、上舍三个程度不同、依次递升的等级。

（1）外舍生：初入太学者，为外舍生。每月考试一次，每年举行一次升舍考试，成绩获得第一、二等者，参酌平时行艺，升入内舍。

（2）内舍生：内舍每两年举行一次升舍考试，成绩优、平两等者，参酌平时行艺，升入上舍。

（3）上舍生：上舍每两年举行一次考试，按考试成绩评定分为三等——上等者免殿试，直接授官；中等者免礼部试，直接参加殿试；下等者免贡举，直接参加礼部试。

3. 苏湖教法

"苏湖教法"又称分斋教学法。

（1）分斋：在学校内分设经义斋和治事斋。经义斋学习儒家经义，治事斋分设治兵、治民、水利、算术等学科。经义斋是为了培养较为高级的统治人才，治事斋是为了造就在某一方面有专长的技术、管理人才。

（2）主修和副修：学生可以选择其中一科为主修，一科为副修。

（3）苏湖教法开了分科教学和主修与副修制度的先声。

4. 朱子读书法

朱熹认为，"为学之道，莫先于穷理；穷理之要，必在于读书"，因此他十分重视读书的重要性。对于读书提出了很多精辟的见解，他的弟子将其概括为朱子读书法。

（1）读书要循序渐进。读书应按照次序，不可颠倒。读书也要按照自己的实际情况和能力安排。读书要打好基础，不可囫囵吞枣。

（2）读书要做到熟读精思。熟读成诵，精于思考。

（3）读书要虚心涵泳。所谓虚心，指读书要虚怀若谷，静心思考。所谓涵泳，指读书要反复咀嚼，细心玩味。

（4）读书要切己体察。不能仅仅停留在课本上，要见之于自己的实际行动。

（5）读书要着紧用力，必须抓紧时间，抖擞精神，反对松松垮垮。

（6）读书要居敬持志。精神专一，注意力集中，树立远大志向。朱子读书法对我们今天的读书学习仍不乏借鉴意义。

5. 熙宁兴学

王安石在宋神宗熙宁年间主持了"熙宁兴学"，主要内容有：

第一，改革太学，创立"三舍法"。

第二，恢复和发展州县地方学校。

第三，恢复和创设武学、律学、医学。

第四，编撰《三经新义》（《诗经》《尚书》《周礼》）为统一教材。

6. 书院

书院是我国古代一种特有的教育组织形式，它既是独立于官学制度之外的学校制度，又是与教育密切结合的学术研究机构。书院萌芽于唐代，最初是私人藏书的地方。

我国古代著名的书院有白鹿洞书院、东林书院、诂经精舍、学海堂、漳南书院等。

7. 东林书院

东林书院原为北宋理学家杨时讲学之所，后在该地建立书院。明万历年间，无锡人顾宪成及其弟顾允成，重新修复，邀约同志讲学其中，形成著名的"东林学派"。东林诸子的基本倾向是推崇程朱，反对王学。

特点：（1）讲会制度化；（2）密切关注社会政治，将讲学活动与政治斗争紧密结合起来。东林书院是当时一个重要的文化学术中心，也是一个重要的政治活动中心。

8. 积分法

明朝国子监分为六堂三级：（1）六堂：正义、崇志、广业、修道、诚心、率性。（2）三级：正义、崇志、广业三堂为初级；修道、诚心二堂为中级；率性一堂为高级。监生按其程度进入各堂学习，然后逐级递升。仅通"四书"而未通经者，入初级；学习一年半以上，文理条畅者，入中级；再学习一年半，经史皆通，文理俱优者，入高级；升入高级后使用积分法，积八分为合格，可毕业。明朝的积分法是对元朝国子学积分法的继承和发展。

9. 六等黜陟法

六等黜陟法的基本特征是对生员实行动态管理，生员的等级不是固定不变的，而是根据学业成绩或升或降。学生的考试成绩被分成六等。一等补廪膳生，二等补增广生，三等无奖无罚，四等罚责，五等降级，六等除名。

10.《白鹿洞书院揭示》

《白鹿洞书院揭示》是朱熹为了培养人才而制定的纲领性学规。它高度提炼了《中庸》《孟子》、董仲舒等的思想，具体有以下内容。

（1）五教之目：父子有亲，君臣有义，夫妇有别，长幼有序，朋友有信。

（2）为学之序：博学之、审问之、慎思之、明辨之、笃行之。

（3）修身之要：言忠信，行笃敬，惩忿窒欲，迁善改过。

（4）处事之要：正其义不谋其利，明其道不计其功。

（5）接物之要：己所不欲，勿施于人。行有不得，反求诸己。

11. 监生历事制度

"监生历事"是中国古代的大学实习制度。明朝国子监生学习到一定年限后，就会被分拨到政府各部门"先习吏事"，故被称为"历事监生"。

（1）实习内容：除中央政府各部门外，历事监生也被分派到州、县清理粮田，或者督修水利等。

（2）实习时间：监生历事的具体时间不同，有的三个月，有的半年，有的长达一年，甚至还有更长的。

（3）实习考核：监生历事期满经考核，分为上、中、下三等。上等者经吏部铨选授官，中、下等者历一年再考。上等者依上等用，中等者不拘品级，随才任用，下等者回监读书。

12. 蒙学教材类型

（1）识字教学类教材：《三字经》《百家姓》《千字文》，主要目的是教儿童识字，掌握文字工具，同时也综合介绍一些基础知识。

（2）伦理道德类教材：《童蒙训》《少仪外传》《性理字训》，侧重于向儿童传授伦理道德知识以及为人处世、待人接物的准则。

（3）历史教学类教材：《十七史蒙求》《历代蒙求》《叙古千文》《史学提要》《左氏蒙求》，向儿童传授历史知识，又对他们进行思想教育。

（4）诗歌教学类教材：《训蒙诗》《小学诗礼》，对儿童进行文辞和美感教育。

（5）名物制度和自然常识教学类教材：《名物蒙求》，内容涉及天文、地理、人事、鸟兽、草木、衣服、建筑、器具等。

13. 王守仁（阳明）的儿童教育思想

王阳明主张儿童教育必须顺应儿童的性情。儿童教育的内容是"歌诗""习礼""读书"。要"随人分限所及"，量力施教。

简述中国古代书院的特点。

>>> 参考答案

简述中国古代书院的特点。

（1）书院的培养目标：注重对学生人格修养与道德的培养。

（2）书院的精神：提倡自由讲学，注重讨论，学术风气浓厚，开辟了新的学风，推动教育和学术发展。

（3）书院的功能：集育才、研究与藏书功能为一体的教育机构。

（4）书院的组织形式：私办、公办和私办公助等多种形式。

（5）书院的教学特点：

① 教学和研究紧密结合。书院既是教学机构，又是学术研究机构，教学活动和学术研究紧密结合，相互促进。

② 盛行讲会制度。讲会是书院讲学的重要组织形式。

③ 教学上实行门户开放。求学者不受地域、学派的限制，均可前来听讲、求教。教学人员不限于书院内部。

④ 书院的师生关系融洽，师生彼此间感情非常深厚。

⑤ 教学形式多样，注重学生自学。书院教学以学生读书钻研为主，注重培养学生的自学能力，发展学生的学习兴趣。

⑥ 注重讲明义理，躬亲实践。

> 第六章
理学教育思想的批判与反思

重要名词及选择题考点

1. 黄宗羲"公其非是于学校"的思想

黄宗羲是明末清初著名的启蒙思想家，他批判传统的理学教育，同时提出了一系列革新的见解，其中最具特点的便是他的"公其非是于学校"。

（1）内涵。

黄宗羲认为，学校不仅应具有培养人士、改进社会风俗的职能，而且还应该议论国家政事。

黄宗羲主张，应该在学校中由大家共同议论国家政事的是非标准。

黄宗羲主张，将寺观庵堂改为书院和小学，实现在全国城乡人人都能受教育、人人都能尽其才的理想，而且强调学校必须将讲学与议政紧密结合。

（2）评价。

"公其非是于学校"思想的基本精神在于反对封建君主专制，改变国家政事的是非标准由天子一人决断的局面。这是对中国古代关于学校职能理论的创新，反映了他要求国家决策民主化的强烈愿望。这种性质的学校已与近代资本主义制度下的议会相近。

2. 漳南书院

颜元是清初批判理学教育、提倡实学教育的主要人物。颜元62岁时，受邀主持河北漳南书院，他亲自规划书院，制定"宁粗而实，勿妄而虚"的办学宗旨，并设文事、武备、经史、艺能等书斋。后因漳水泛滥，淹没院舍，未及半年颜元即离去。后经修复，屡请颜元主其事，皆辞而不往。虽然其主持漳南书院时间不长，但比较集中地反映了他的教育主张。

3. 颜元教育内容

颜元主张"真学""实学"的教育内容。

（1）文事斋：课礼、乐、书、数、天文、地理等科。

（2）武备斋：课兵法、射御、技击等科。

（3）经史斋：课《十三经》等科。

（4）艺能斋：课水学、火学、工学等科。

（5）理学斋：课静坐、编著、程、朱、陆、王之学。

（6）帖括斋：课八股举业。

其中，理学斋和帖括斋为应时而制。

4. 颜元教学方法

颜元强调"习行"的教学法，坚持练习和躬行实践，认为只有如此，学得的知识才是真正有用的。

> 第七章
近代教育的起步

一、重要名词及选择题考点

1. 京师同文馆

京师同文馆于 1862 年由洋务大臣创立，最早是作为外语学校，学习外文。1866 年增设算学馆，教授天文、算学。近代以来，关于教育改革问题的第一场大争论"洋务派和守旧派关于京师同文馆是否要增设西方科学技术学"正是发生在京师同文馆。

（1）1902 年，京师同文馆并入京师大学堂。京师同文馆教师有外国人和中国人，分为总教习、教习和副教习。学生待遇较为优厚。

（2）学生的学习内容包括西艺、外文、汉文。

京师同文馆具有重要的象征意义，是洋务学堂的开端，是中国近代新教育的开端，由于身处北京，一些重要举措及引起的争执往往能反映各派关于教育改革的观点。

2. 中体西用

"中体西用"是洋务运动的指导思想。

（1）1898 年，张之洞撰成《劝学篇》，围绕"中学为体，西学为用"进行阐述，形成了完整的思想体系。中学也称旧学，"四书五经，中国史事、政书、地图为旧学"，最注重纲常名教。西学也称新学，"西政、西艺、西史为新学"。对于"中学""西学"的关系，概言之为"中学为体，新学为用，不使偏废"。

（2）"中体西用"理论为西学的合理性进行了有效的论证，促进了资本主义文化在中国的传播。但是"中体西用"的思想没有克服中、西学之间固有的内在矛盾，想通过简单嫁接的方式结合，必然引起二者的排异性反应。

3. 洋务学堂

洋务学堂分为外国语（"方言"）学堂、军事（"武备"）学堂、技术实业学堂。

（1）外国语学堂包括京师同文馆、上海广方言馆、湖北自强学堂等。

（2）军事学堂包括福建船政学堂、天津水师学堂、湖北武备学堂等。

（3）技术实业学堂包括福州电报学堂、天津西医学堂等。

4. 福建船政学堂

福建船政学堂（亦称求是堂艺局或福州船政学堂）分为前学堂和后学堂。

（1）前学堂学习制造技术，多以法国人担任教习，目标是培养能够设计制造各种船用零件并能进行整船设计的人才。

（2）后学堂学习驾驶和轮机技术，多以英国人担任教习。1868年，前学堂增设绘事院和艺圃。绘事院培养生产用图纸的制作人员。艺圃为在职培训学校，实行半工半读，开我国近代职工在职教育的先声。

福建船政学堂为近代中国海军输送了第一代战舰指挥和驾驶人才，为近代中国船舰制造业的发展写下了光辉的一页，是近代中国海军人才的摇篮。

二、论述题

1. 简述近代洋务学堂的特点。

2. 试从指导思想和改革措施两方面比较中国洋务教育与日本明治维新教育改革。

》》》 参考答案

1. 简述近代洋务学堂的特点。

洋务派所兴办的洋务学堂，具有明显的新旧杂糅的特点。

（1）"新"主要表现在培养目标、教学内容、教学方法、教学组织形式上。

① 培养目标：造就洋务事业需要的专门人才，如外交人才、水陆军事人才等。

② 教学内容：以学习"西文""西艺"为主，课程包括外语、数学、化学等。

③ 教学方法：按照知识的接受规律由浅入深、循序渐进地安排教学内容，重视理解，注重教学中的理论与实践结合。

④ 教学组织形式：普遍制订分年课程计划，确定学制年限，采用班级授课制，突破了传统的进度不一的个别教学形式。

（2）"旧"主要是因为洋务学堂依托传统封建教育体制办理，导致：

① 零散：洋务大臣们各自为政办理，零星分散，缺乏全国性的整体规划和学制系统，学校与学校之间相互孤立。

② 陈旧：在"中学为体，西学为用"的总原则下，洋务学堂在传授"西文""西艺"的同时，不放弃对"四书五经"的学习。

③ 官僚：洋务学堂由洋务大臣举办，洋务大臣作为封建官僚，对学堂的管理不免沾上封建官僚习气。

总之，洋务学堂以西方近代科技文化作为主要课程，在形式上引进了资本主义因素，初步具备了近代教育的特征。它的出现，逐渐动摇和瓦解了旧的教育体制，实际启动了近代中国教育改革的进程。

2. 试从指导思想和改革措施两方面比较中国洋务教育与日本明治维新教育改革。

（1）指导思想。

洋务教育的指导思想是"中学为体，西学为用"；明治维新教育改革的指导思想是"文明开化"和"和魂洋才"。

① 相同点：都重视引进和兴办西式教育，又希望不丢掉本国文化传统的根本。

② 不同点：洋务教育旨在保留封建教育的同时，兴办西式近代教育；明治维新教育改革以否定封建教育为前提，兴办西式近代教育。

（2）改革措施。

① 相同点：洋务教育和明治维新都采用了向海外派遣留学生的措

施；都聘请洋教员执教，开办西式近代学校。

②不同点：第一，洋务教育未能使教育改革与社会改革同步进行；明治维新教育改革则使教育改革与社会改革同步进行。

第二，洋务教育只是当时中国教育体系中的一小部分，且主要集中于专门教育；明治维新教育改革则对教育进行了全面而系统的改革，涉及各级各类教育。

第三，兴办洋务教育的主体是部分具有危机和开放意识的官员，未能获得全国统一教育领导机构的有力支持，力量薄弱；明治维新教育改革确立了以文部省为首的中央集权式的教育管理体制，是通过政府动员全国力量进行的，力量强大。

> 第八章

近代教育体系的建立

一、重要名词及选择题考点

1. 京师大学堂

1898 年，在维新派的推动下京师大学堂正式成立。

（1）京师大学堂是全国最高学府，也是最高的教育行政机关。京师大学堂的课程主要可分为溥通学和专门学两大类，办学宗旨为"中学为体，西学为用"，1912 年始更名为北京大学。

（2）京师大学堂实为中国近代新学制的摹本，对社会风气有一定的影响。戊戌政变后，维新派所创的文教事业受到摧残，京师大学堂成为唯一幸存的成果。

2. 庚款兴学

1901 年《辛丑条约》规定，中国战争赔款 4.5 亿两白银。1908 年，美国提出从 1909 年开始，将所得庚子赔款的一部分以"先赔后退"的方式退还给中国，用来发展留美教育，后被部分国家仿效，这就是所谓的"庚款兴学"。

为了实施庚款兴学计划，中国政府专门在北京设立游美学务处。游美学务处选派留学生的同时，着手建立留美预备学校——清华学堂。

3. 梁启超

（1）梁启超认为，国势强弱随人民的教育程度而转移，教育的作用在于开民智与兴民权。

（2）梁启超主张通过教育培养"新民"。"新民"必须具有新道德、新思想、新精神、新特性和新品质，诸如国家思想、权利思想、政治能力、冒险精神，以及公德、私德、自由、自治、自尊、尚武、合群等。

（3）主张变科举、兴学校；重视师范学校，认为师范乃群学之基；十分倡导女子教育。1896年，梁启超发表《变法通议·论女学》，系统地论述女子教育问题。1898年，梁启超积极参与中国第一所女学——经正女学的筹办；重视改革儿童教育；介绍西方学理，指点教育新政。根据学生身心发展的阶段性特征来确定学制的不同阶段和年限是近代西方教育心理研究的成果。梁启超是中国近代最早系统介绍和倡导这一理论的人物。

二、论述题

1. 论述清末新政的教育改革。
2. 维新派相对于洋务派提出了哪些新的教育主张？产生了哪些影响？

>>> **参考答案**

1. 论述清末新政的教育改革。

清末新政的教育改革主要有：

（1）"壬寅学制"和"癸卯学制"的颁布。

① 壬寅学制于1902年颁布，统称为《钦定学堂章程》。壬寅学制是中国近代第一个以中央政府名义制定的全国性学制系统。

学制主系列分为三段七级。第一阶段：初等教育，包括蒙学堂4年、寻常小学堂3年、高等小学堂3年。第二阶段：中等教育，设中学堂4年。第三阶段：高等教育，设高等学堂或大学预科3年、大学堂3年，大学堂之上设有大学院。

不算大学院，整个年限长达20年。学制主系列之外，与高等小学堂平行的有简易实业学堂；与中学堂平行的有中等实业学堂、师范学堂；与高等学堂平行的有高等实业学堂、师范馆、仕学馆等。"壬寅学制"公布后未及实行，很快就被"癸卯学制"所替代。

② 癸卯学制于1904年颁布，统称为《奏定学堂章程》。癸卯学制是中国近代第一个以中央政府名义颁布并实施的全国性学制系统。学制主系列划分为三段七级。

第一阶段：初等教育，包括蒙养院 4 年、初等小学堂 5 年、高等小学堂 4 年。第二阶段：中等教育，设中学堂 5 年。第三阶段：高等教育，设高等学堂或大学预科 3 年、大学堂 3~4 年、通儒院 5 年。

从小学堂到大学堂，学制年限共 20~21 年。主系列之外的学堂主要分为实业类和师范类学堂。实业类学堂：与高等小学堂平行的有实业补习学堂、初等农工商实业学堂和艺徒学堂；与中学堂平行的有中等实业学堂；与高等学堂平行的有高等实业学堂。师范类学堂：与中学堂平行的是初级师范学堂，以培养初等、高等小学堂教员为宗旨；与高等学堂平行的是优级师范学堂，以造就初级师范学堂及中学堂教员、管理人员为宗旨。

（2）废科举，兴学堂。

1905 年光绪帝上谕："著即自丙午科（1906 年）为始，所有乡会试一律停止，各省岁科考试亦即停止。"科举废除后，许多新式学堂是由传统书院改造而来的。

（3）建立教育行政体制。

① 中央教育行政机关：1905 年，清政府设立学部，作为统辖全国教育的中央教育行政机关，将原来的国子监并入。

② 地方教育行政：地方教育行政上，各省设立提学使司管理教育，长官为提学使。

（4）确定教育宗旨。

教育宗旨确定为"忠君、尊孔、尚公、尚武、尚实"。

（5）留日高潮与"庚款兴学"。

清末出现了留日高潮。在留日选修的专业中，以法政科、武备科占大多数。留日教育充实了学堂师资，翻译了日文西学书籍，传播了资本主义思想观念，形成了资产阶级革命群体，促成了辛亥革命的爆发。

1901 年《辛丑条约》规定，中国付各国战争赔款共计 4.5 亿两白银。1908 年，美国提出，从 1909 年开始，将所得庚子赔款的一部分以"先赔后退"的方式退还给中国，用来发展留美教育，后被部分国家仿效，这就是所谓的"庚款兴学"。

为了实施"庚款兴学"计划，中国政府专门在北京设立游美学务处。游美学务处在直接选派留美学生的同时，也开始着手筹建留美预备学校——清华学堂。

2. 维新派相对于洋务派提出了哪些新的教育主张？产生了哪些影响？

（1）洋务派的教育主张主要有：

① 兴办洋务学堂。

② 派遣学生留美和留欧。

（2）维新派的教育主张有：

① 设立京师大学堂。京师大学堂是全国最高学府，也是最高教育行政机关。京师大学堂的办学宗旨为"中学为体，西学为用"，是戊戌政变后唯一留下来的措施。

② 废除八股考试，改革科举制度，设立经济特科。

③ 讲求西学，普遍建立新式学堂，主张将传统的书院改为学堂。

④ 兴办学会，如兴办北京强学会、上海强学会。

⑤ 发行报刊，如发行《万国公报》《时务报》。

⑥ 兴办的学堂可以分为两类：一类是维新运动的代表人物为培养维新骨干、传播维新思想而设立的学堂，如万木草堂、湖南时务学堂；另一类是在办学类型与模式、招生对象、教学内容方面对洋务办学观念有所突破的学堂，如北洋西学堂、南洋公学、经正女学。

（3）相对于洋务派，维新派新在：

① 教育目的上，洋务派仍具有一定的封建性，受"中体西用"指导思想的影响，教育主要是为了维护封建统治；而维新派带有资产阶级意识，反对维护封建统治，主张建立君主立宪制。

② 教育内容上，维新派认为洋务派仅仅局限于技术层面上的学习，维新派提倡全面学习西学，尤其是思想方面的学习。

③ 教育思想上，维新派更加重视儿童教育、女子教育和男女平等。

④ 教育实践上，维新派采取了更多的教育改革措施，如发行报刊、创办京师大学堂等。

⑤ 教育制度上，维新派促进了近代学制的建立。

（4）维新派的教育影响：

① 教育实践上，维新派采取了许多教育措施来推行新式教育，一定程度上传播了西方的知识和思想，推动了当时的教育变革，也促进了中西方的交流。

② 教育制度上，维新派促进了我国的近代学制的建立。

③ 教育思想上，维新派重视男女平等，开女子教育先河；提出"鼓民力""开民智""新民德"，传播了民主的思想。

④ 社会影响上，形成了"人人谈时务，家家言西学"的局面，激起了一股思想解放的潮流，促进了资产阶级思想在我国的传播。

第九章

近代教育体制的变革

一、重要名词及选择题考点

1. 壬戌学制

1922 年的新学制又称为"壬戌学制"。由于采用的是美国式的六三三分段，又称"六三三学制"。新学制根据儿童身心发展规律划分教育阶段，初等教育趋于合理，缩短了小学年限。中等教育中学分为初、高两级，中学开始实行选科制和分科制。除此之外，中学还设立了职业科，对职业教育、师范教育进行了改革。

壬戌学制受美国实用主义影响较大，但也结合我国国情进行了调整，有利于课程普及，有利于职业教育发展。

2. 五育并举

蔡元培在《对于教育方针之意见》中提出"五育并举"的教育方针，包括公民道德教育、军国民教育、实利主义教育、世界观教育和美感教育。

（1）军国民教育主张将军事教育引入学校和社会教育中；实利主义教育主张加强职业技能的培训；公民道德教育主张从儒家传统文化入手；世界观教育主张人们要立足于现象世界而追求实体世界；美感教育主张以美育代宗教。

（2）"五育"不可偏废，分别代表体育、智育、德育、美育。世界观教育将德、智、体三育合而为一，是教育的最高境界。

3. 平民教育思潮

平民教育思潮的代表有两类：一类是具有共产主义思想的知识分子，主张先改造社会再促进教育；另一类是资产阶级知识分子，主张通过教育改造社会。

（1）具有共产主义思想的知识分子代表：陈独秀、李大钊、邓中夏。他们认为，不是教育了一切人才可以改造社会，而是改造了社会，才可以有好教育。

（2）资产阶级知识分子代表：受杜威民主主义教育思想的影响，将平民教育视为救国和改良社会的主要手段，希望通过平民教育来实现平民政治。北京高等师范学校的教职工和学生组织的平民教育社，是最早实践此种思想的团体。

4. 工读主义教育思潮

"以工兼学、勤工俭学、工人求学、学生做工、工学结合、工学并进，培养朴素工作和艰苦求学的精神，以求消弭体脑差别。"

（1）由匡互生、周予同等北高师学生组织的工学会，倡导工学主义，主张"做工的人一定要读书，读书的人一定要做工"。

（2）由少年中国学会成员王光圻组织的北京工读互助团，主张"人人做工、人人读书，各尽所能、各取所需"。

（3）以李大钊为代表的初步具有共产主义思想的知识分子倡导实行工读，主张"使工不误读，读不误工，工读打成一片，才是真正人的生活"。

（4）以胡适、张东荪为代表的观点可称为纯粹的工读主义，胡适认为，工读主义"不过是靠自己的工作去换点教育经费而已"。

5. 中华职业教育社

1917年，黄炎培发起组织中国近代第一个研究、倡导、实验和推行职业教育的专门机构——中华职业教育社。中华职业教育社在上海创立中华职业学校，通过学校教育的形式开展职业教育实验。

6. 勤工俭学运动

1915年，蔡元培、李石曾、吴玉章等在法国创立"勤工俭学会"，明确提出以"勤于工作，俭于求学，以进劳动者之智识"为宗旨，创造了半工半读的形式，产生了最初的工读主义教育思想。1916年，蔡元培、吴玉章等在法国创立"华法教育会"，以勤工俭学的方式吸引贫苦有志青年赴法留学。1919年春到1920年底，留法勤工俭学运动形成高潮。早期共产主义者是此阶段留法勤工俭学运动的主要发起者、组织者和参加者。

　　勤工俭学运动于 1925 年前后结束。它最初是一场以输入西方资本主义文明为指导思想，以教育救国和实业救国为主要追求，以工读结合为手段的教育运动，后来逐渐转变为寻求革命救国道路，以马克思主义为指导的新民主主义文化教育运动和革命运动。

7. 科学教育思潮

　　科学教育思潮中以任鸿隽为代表的中国科学社和《科学》杂志倡导以科学内容充实教育，以陈独秀为代表的激进民主主义者通过文化反思倡导科学启蒙。以胡适为代表的实证主义者将科学的方法理解为"大胆的假设，小心的求证"。

　　（1）科学的教育化趋势：把科学知识教给学生，也就是提倡学校中的科学教育。当然这种科学教育也要按照教育原理和科学方法进行，目的是培养学生科学的知识、技能和态度。

　　（2）教育的科学化趋势：教育越来越讲究方法层面的科学性，也就是提倡以科学的方法研究教育，包括儿童心理和教育心理的研究、各种心理和教育量表的编制应用、心理测量、智力测验、教育统计、学务调查等十分流行。各种新教学方法的试验广泛开展。道尔顿制、设计教学法、蒙台梭利教学法、自学辅导主义等方法流行。高校中培养教育学科专门人才的学科和专业开始设置。

二、论述题

　　1. 简述 1922 年学制的特点。
　　2. 论述蔡元培的教育思想与实践。
　　3. 试从教育思想、制度、实践三个方面，举例说明新文化运动时期民主思想在当时中国教育领域里的体现。

》》》 参考答案

　　1. 简述 1922 年学制的特点。
　　（1）根据儿童身心发展规律划分教育阶段。
　　童年时期（6~12 岁）为初等教育阶段，少年时期（12~18 岁）为中等教育阶段，成年时期（18~22岁）为高等教育阶段。

（2）初等教育阶段趋于合理，更加务实。① 缩短小学年限，改 7 年为 6 年，有利于初等教育的普及。② 幼稚园也纳入初等教育阶段，使幼儿教育和小学教育得以衔接，确立了幼儿教育在中国教育史上的地位。

（3）中等教育阶段是改制的核心，是新学制中的精粹。① 延长了中学年限，改 4 年为 6 年，提高了中学教育的程度。② 中学分为初、高两级，不仅增加了地方办学的伸缩余地，还增加了学生的选择余地。③ 在中学开始实行选科制和分科制。

（4）建立了比较完善的职业教育系统。① 职业教育代替了实业教育。② 建立独立的职业学校和专门学校，建立附设于高小、初中、高中的职业科和大学的专修科。

（5）改革师范教育制度高级中学设师范科，旧制高等师范学校升格为师范大学。

（6）高等教育阶段缩短高等教育年限，取消大学预科。

（7）两条"附则"：注重天才教育、注重特种教育。

2. 论述蔡元培的教育思想与实践。

蔡元培 5 岁入私塾读书，16 岁考中秀才。甲午战争爆发后，开始留心时事，学习西学。其主要教育活动包括成立"中国教育会"，创办爱国女学、爱国学社，担任教育总长，组织"勤工俭学会"，改革北京大学。

（1）提出"五育并举"的教育方针。

蔡元培在《对于教育方针之意见》中提出"五育并举"的教育方针，"五育"包括军国民教育、实利主义教育、公民道德教育、世界观教育和美感教育。

在军国民教育上，蔡元培主张将军事教育引入学校和社会教育中，强调学生生活的军事化，特别是体育的军事化；在实利主义教育上，蔡元培主张"以人民生计为普通教育之中坚"，加强职业技能的培训；在公民道德教育上，蔡元培主张从儒家传统文化入手进行公民道德教育，其内涵和资产阶级追求的自由、平等、博爱的精神是相通的；在世界观教育上，将世界分为"现象世界"和"实体世界"，主张人们立足于现象世界而追求实体世界；在美感教育上，蔡元培认为美育是世界观教育的主要途径，主张以美育代替宗教。蔡元培主张"五育"不可偏废，军国民教育为体育，实利主义教育为智育，公民道德教育为德育，美感教育可以辅助德育，世界观教育将德、智、体三育合而为一，是教育的最高境界。

（2）提出教育独立思想。

1922年3月，蔡元培发表《教育独立议》一文，阐明其教育独立的基本观点：

① 教育独立思想的内容包括：教育经费独立：政府指定固定的款项，专作教育经费，不能移作他用；教育行政独立：设立专管教育的行政机构，不附设于政府部门；教育学术和内容独立：教育方针应保持稳定，能自由编辑、出版、选用教科书；教育脱离宗教独立。

② 教育独立思想的实践设想：蔡元培主张将全国分为若干个大学区，每区设立一所大学，管理所有教育事务，但大学区制度没有完全建立。

③ 对教育独立思想的评价：教育活动必须接受社会的物质支持并传播一定的政治和社会价值体系，它因此依附于一定的政治和社会力量，不可能也不应该完全独立。但是不完全独立不等于不能相对独立，教育主体的能动性决定了它在教育活动中有自主选择的能力和自由。

（3）蔡元培的教育实践。

蔡元培的教育实践集中体现在对北京大学的改革上。1916年，蔡元培在孙中山等人的支持下，对北京大学进行了全面改革，主要表现在以下几个方面：

① 抱定宗旨，改变校风。

蔡元培认为，大学应是"研究高尚学问之地"，改革北京大学的第一步是明确大学的宗旨，并为师生创造研究高深学问的条件和氛围。

第一，改变学生观念，让学生抱定为求学而来的宗旨；第二，整顿教师队伍，延聘积学热心的教员；第三，发展研究所，广积图书，引导师生研究兴趣；第四，砥砺德行，培养正当兴趣。

② 贯彻"思想自由，兼容并包"的办学原则。

蔡元培认为，"大学者，'囊括大典，网罗众家'之学府也"。在学术上"循'思想自由'原则，取兼容并包主义"。在教师的聘任上，罗致各类学术人才，使北京大学的教师队伍呈现出流派纷呈的局面。

③ 教授治校，民主管理。

蔡元培设立评议会、教授会，确定学校内部组织章程，决定设立行政会议、教务会议及教务处、总务处。新的管理体制的建立，改变了京师大学堂遗留下来的封建衙门作风，提高了工作效率。

④ 学科与教学体制改革。

第一，扩充文理，改变"轻学而重术"的思想；第二，沟通文理，废科设系；第三，改年级制为选科制。

⑤ 蔡元培还在 1920 年实行女生旁听制度，开我国公立大学招收女生的先例。北京大学还开办了不少平民学校和夜校，努力服务于社会，提高了大学的开放性和平民化程度。

蔡元培的教育思想对民国教育的大政方针和宏观布局有重大影响。他的教育思想贯彻着对民主、科学、自由、个性的追求，充满了爱国激情。他在民国初期改革封建教育，建立资产阶级民主教育制度反映的是新时代对教育的要求，他对北京大学的改革，规模恢宏、影响深远，对我国近现代的教育具有不可磨灭的作用。

3. 试从教育思想、制度、实践三个方面，举例说明新文化运动时期民主思想在当时中国教育领域里的体现。

新文化运动时期高举"民主"和"科学"两面旗帜。给文化、教育、社会等方面带来了深刻变革。教育思想方面以陶行知、陈鹤琴为代表，教育制度方面以 1922 年"新学制"为代表，实践方面有乡村教育运动。

（1）教育思想中熠熠的民主思想光芒。

在教育思想层面上，以陶行知"生活教育"理论和陈鹤琴"活教育"理论为代表。民主思想主要体现在重视、关注儿童，从儿童的角度出发关注教育。

① 陶行知重视教育和生活的联系，他师从杜威，受到杜威思想的

深刻影响，提出"生活教育"理论。其中，"生活即教育"是其理论的核心。生活含有教育的意义，过什么生活也便是在受什么教育，生活伴随人的始终；实际生活是教育的中心；生活决定教育，教育改造生活。"社会即学校"是"生活即教育"思想在学校与社会关系问题上的具体化，是关于学校教育的本质看法。社会含有学校的意味，学校含有社会的意味。"教学做合一"是其实施的方法。要求在"劳力上劳心"，是因为"行是知之始"，要求"有教先学"和"有学有教"，否定注入式教学法。

② 陶行知非常重视儿童和儿童教育，他创办南京晓庄学校，推行"科学下嫁"活动，创办山海工学团，提倡"艺友制"师范教育，提倡"小先生制"。这些都是民主思想的体现。

③ 陈鹤琴"活教育"思想也受到杜威教育思想的影响。"活教育"思想体系具体包括"活教育"的目的论、课程论和教学论。"做人，做中国人，做现代中国人"是目的论；"大自然、大社会都是活教材"是课程论；"做中教，做中学，做中求进步"是教学论。他批判教育忽视儿童生活和主体性，提出了体现儿童生活整体性和连贯性的"五指活动"。这些都体现了民主精神。

（2）教育制度中的民主思想光辉。

在教育制度层面上，1922年"新学制"破土而出。在全国教育联合会的努力下，我国仿效美国，结合自身国情，建立1922年"新学制"，也称"壬戌学制"或"六三三学制"。

① 该学制遵循"发扬平民教育精神、谋个性之发展、注意国民经济力、多留各地伸缩余地"等原则。

② 缩短了小学教育年限，以中等教育为改制的核心，中学实行选科制和分科制相结合。

③ 师范教育方面设立专门的师范院校。

④ 注重职业教育，建立职业教育系统。

⑤ 取消大学预科。

⑥ 注重天才教育和特种教育。

学制改革注重中国国情，为培养新国民、进行国民教育提供了制度保障，体现了民主思想。

（3）教育实践中的民主思想光彩。

从教育实践层面来看，以晏阳初、梁漱溟为代表主持的乡村教育运动轰轰烈烈地展开以及新的教学方法不断涌现。以改造中国乡村为着力点，乡村教育运动试图改造社会、挽救国运。

① 晏阳初把中国问题归结为"愚、穷、弱、私"，提出进行文艺教育、生计教育、卫生教育、公民教育，在河北定县，通过"化农民"与"农民化"开展教育实验，并提出了学校式、社会式、家庭式的教育。

② 梁漱溟主张进行乡村改造，提出"政教养卫合一"，主张建立乡农学校，以乡村教育的方式改造国民。道尔顿制、设计教学法、文纳特卡制等新教学法传入我国，在学校里引起了一系列教学方法的实验。这些教育实践和教学方法都是民主思想的体现。

民主思想不仅体现在 20 世纪 20 年代中国教育思想、制度、实践的方方面面，而且对今天我国的教育建设也颇有启发与借鉴意义。

第十章 ‹

南京国民政府时期的教育

重要名词及选择题考点

南京国民政府在抗日战争时期的重要教育举措

在抗日战争时期，南京国民政府提出了适宜的教育方针，采取了多种教育政策，主要包括：

（1）提出"战时须作平时看"的教育方针。强调战时的教育也要像平时一样，在战争环境下也要最大程度保证教育的正常发展。

（2）组织高校迁移。将一批重点大学迁往西南、西北地区。国立北京大学、清华大学、私立南开大学辗转长沙，迁往云南昆明，组成国立西南联合大学；国立北平大学、国立北平师范大学、北洋工学院迁往陕西汉中，成立国立西北联合大学；国立中央大学迁往重庆。

（3）建立国立学校。设立国立中学，部分私立大学转为国立大学，保障骨干学校正常办学，满足流徙青年的求学愿望。

（4）设置战区教育指导委员会。维持战区各级教育，联络爱国人士和教师抵制奴化教育，促进失学青年就学就业，实施战区教育。

第十一章

现代教育家的教育理论与实践

一、重要名词及选择题考点

1. 小先生制

"小先生制"是指人人都要将自己认识的字和学到的文化随时随地教给别人，而儿童是这一传授过程的主要承担者。尤其重要的是，"小先生"的责任不只在教人识字学文化，而在"教自己的学生做小先生"，由此将文化知识不断延绵推广。陶行知认为，"小先生制"是为解决普及教育中师资奇缺、经费匮乏、谋生与教育难以兼顾、女子教育困难等矛盾而提出的，"穷国普及教育最重要的钥匙是小先生。"

2. 定县实验

晏阳初及平教会同仁放弃了城市的舒适生活，携家属迁居河北定县，进行了著名的定县试验。在实验中，晏阳初提出"农民科学化，科学简单化"的平民教育目标；为了实现这个目标，他又提出"化农民"和"农民化"；在此基础上，晏阳初还总结出了"四大教育"和"三大方式"。

二、论述题

1. 论述陈鹤琴"活教育"思想体系及当代意义。
2. 论述陶行知的"生活教育"思想及对现代教育改革的启示。
3. 论述陶行知"生活教育"和陈鹤琴的"活教育"及二者的共同特点。
4. 论述黄炎培的职业教育目的、方针、原则。
5. 比较梁漱溟与晏阳初的教育思想。

6. 论述杨贤江的马克思主义教育理论观点。

》》》 参考答案

1. 论述陈鹤琴"活教育"思想体系及当代意义。

（1）陈鹤琴活教育理论。

陈鹤琴是我国著名的儿童教育家，提出了"活教育"思想体系，具体包括以下内容。

①"活教育"的目的论："做人，做中国人，做现代中国人"是陈鹤琴"活教育"的目的论。他对"现代中国人"提出五方面的要求：要有健全的身体、要有建设的能力、要有创造的能力、要能够合作、要服务。

②"活教育"的课程论："大自然、大社会都是活教材"是陈鹤琴对"活教育"的课程论的概括表述。但是陈鹤琴并不摒弃课本，也不反对间接经验。

③"活教育"的教学论：教学原则为"做中教，做中学，做中求进步"。陈鹤琴强调以做为基础，确立学生在教学活动中的主体性，鼓励学生积极"做"的时候，教师要进行有效的指导。他提出"活教育"教学的四个步骤：实验观察、阅读思考、创作发表、批评研讨。

陈鹤琴批判传统教育忽视儿童生活和主体性，力图去除以学校和课堂为中心而脱离社会生活、以书本为中心而脱离实际和实践、以教师为中心而漠视学生的存在等弊端，充分考虑了中国的时代背景和国情。

（2）现代价值意义。

"活教育"思想的提出，为我国近代教育事业带来了一片光明前景，对现代社会的发展，有着重要价值和意义。

①"活教育"开创了对新型教育模式探索的先河。

"活教育"无论是在教学目的、教学内容、还是教学方法上，都是陈鹤琴长期教育研究与教育实践的总结，针对中国传统教育，他能够去其糟粕取其精华，将学生学习带向社会，融入自然。这一方面拓宽了学生视野，教会他们如何做人；另一方面，改变了以往毫无生气的课堂面貌，更有利于学生身心发展和智力提升。这种新型教学模式，在之前从未出现过，可以说它开创了我国教学改革的先河。

②"活教育"确立了儿童在教学中的重要地位。

"活教育"的提出，首次将儿童的重要性摆在了教育的首位。陈鹤琴认为，幼教工作的开展，应当以尊重儿童、热爱儿童和了解儿童为前提，将他们视为具有独立人格的个体；而不是成年人的附属品。只有这样，在开展"活教育"的过程中，才有利于培养儿童自尊自信的良好品格，满足个性发展需求。这种进步的理念，为日后我国的幼教事业广泛接受并采纳。

③"活教育"明确了我国的教学目的和教学理念。

"活教育"明确强调，其目的是教会国人如何做一名现代中国人，这是一种带有鲜明爱国特色且符合中国国情的教育理念。它不同于传统盲目的教育学习，也不是照搬别国、忽略本国历史文化与社会现实的教学，它的提出更激发了国人学习的热情。在教学理念上，"活教育"明确表示，幼儿的教育工作，是极为复杂的，并非仅仅依靠幼稚园一方努力就可取得良好效果，对幼儿的培养还离不开家庭和社会的关注。只有三方相互协调配合，才有助于儿童身心更健康发展。这一理念的提出，大大引发了社会和家庭对儿童的关注。

④"活教育"为中国推行素质教育打下了基础。

"活教育"思想是我国目前推行素质教育理念的缩影，素质教育要求尊重学生身心发展特点，重视学生德智体美劳全面发展，力图为国家培养出富有理想力、创造力和伟大民族精神的社会主义建设者和接班人。可见，素质教育理念源自对"活教育"思想精髓的提取，"活教育"为素质教育的推行奠定了坚实的思想基础。

2. 论述陶行知的"生活教育"思想及对现代教育改革的启示。

陶行知师从杜威，受到杜威思想的深刻影响，重视教育和生活的联系，又受到裴斯泰洛齐的启发，提出了生活教育理论。

（1）陶行知生活教育理论的主要内容。

①生活教育理论的内涵：从定义上说，生活教育是给生活以教育，用生活来教育，为生活向前向上的需要而教育；从生活与教育的关系上说，是生活决定教育；从效力上说，教育要通过生活才能发生力量，

从而成为真正的教育。

②生活即教育："生活即教育"是陶行知生活教育理论的核心。生活含有教育的意义。横向来看，过什么生活也便是受什么教育；纵向来看，生活伴随人的始终。现实生活是教育的中心。生活教育是生活所原有，生活所自营，生活所必需的教育。生活决定教育，教育改造生活。教育的目的、原则、内容、方法都为生活所决定；教育能改造生活，推动生活进步。

③社会即学校："社会即学校"是"生活即教育"思想在学校与社会关系问题上的具体化，是关于学校教育的本质看法。"社会即学校"是指"社会含有学校的意味"，或者说"以社会为学校"。主张鸟儿回归自然，考虑到人民群众缺少教育的实际。"社会即学校"是指"学校含有社会的意味"，主张对传统学校根据社会的需要进行改造。学校要依据社会的需要进行改造。

④教学做合一：教的方法根据学的方法，学的方法根据做的方法。做是教和学的中心。教学做合一要求在"劳力上劳心"；教学做合一是因为"行是知之始"，所谓"行动是老子，知识是儿子，创造是孙子"，要求"有教先学"和"有学有教"。否定注入式教学法。课程观：一切课程都是生活，一切生活都是课程。注意培养学生的生活力。"教材是用碗呈上的饭，知识是饭粒"。教材是必需的，教材的编写要破除传统的以文字为中心的缺陷。

（2）生活教育理论的当代价值。

①生活即教育启示我们要重视家庭教育的潜移默化功能。

陶行知先生曾说："生活教育，就是用生活来教育，为生活向前、向上而教育。"这句话形象生动地告诉我们，生活不仅仅是教育，而且是通过教育更好地服务于生活。我们日常生活中的每个细节都可能具有细微的教育意义。

②社会即学校启示我们重视学校教育对社会的作用。

习近平总书记在全国教育大会讲话中指出，我国教育的根本任务，就是培养社会主义建设者和接班人。当今的教育需求，赋予了"社会即学校"新的内容。一是教育要有效利用社会的各种有利资源。二是教育要适应社会的发展，注重培养学生的实践能力、团队精神、创新意识等素质。学校教育要满足社会成员学习的需求，从服务的角度看待学校的一切工作。三是要扩大教育的对象、学习的内容，让更多的人受教育。在学校里的学习内容太少了，应该把教育放到社会中去，使更多人能接受到教育。

③ 教学做合一启示我们要促进学生的全面发展。

一是教师的授课要突出参与性、操作性和体验性，要激发学生参与课堂的积极性，突出全员教育。二是教师要有效激发学生内在的学习动机，让学生成为主动学习的探索者、创造者。三是教学要从学生的实际出发，激发学生的学习动机，使学生在教学过程中从被动受教转变到自觉主动学习，培养学生获取、分析和解决以及交流合作的能力。

3. 论述陶行知"生活教育"和陈鹤琴的"活教育"及二者的共同特点。

陶行知和陈鹤琴虽分别为"生活教育"理论和"活教育"理论的代表人物，但他们在思想上存在诸多共同点。

（1）陶行知的生活教育理论。

① 生活即教育。

"生活即教育"是陶行知生活教育理论的核心。生活含有教育的意义，过什么生活也便是受什么教育，生活伴随人的始终；现实生活是教育的中心，生活教育是生活所原有，生活所自营，生活所必需的教育；生活决定教育，教育改造生活。

② 社会即学校。

"社会即学校"是"生活即教育"思想在学校与社会关系问题上的具体化。"社会含有学校的意味"，或者说"以社会为学校"，主张鸟儿回归自然，要考虑人民群众缺少教育的实际；"学校含有社会的意味"，主张对传统学校根据社会的需要进行改造。学校要依据社会的需要进行改造。

③ 教学做合一。

教的方法根据学的方法，学的方法根据做的方法。做是教和学的中心。要求在"劳力上劳心";"行是知之始";要求"有教先学"和"有学有教";否定注入式教学法。课程观：一切课程都是生活,一切生活都是课程。注意培养学生的生活力。

（2）陈鹤琴的"活教育"理论。

①"活教育"的目的论。

"做人,做中国人,做现代中国人"是陈鹤琴"活教育"的目的论。

他赋予"现代中国人"五方面的要求：要有健全的身体、要有建设的能力、要有创造的能力、要能够合作、要服务。

②"活教育"的课程论。

"大自然、大社会都是活教材"是陈鹤琴对"活教育"的课程论的概括表述。但是陈鹤琴并不摒弃课本,也不反对间接经验。

③"活教育"的教学论。

教学原则："做中教,做中学,做中求进步"是"活教育"的教学方法的基本原则。陈鹤琴强调以"做"为基础,确立学生在教学活动中的主体性,鼓励学生积极"做"的时候,教师要进行有效的指导。

"活教育"教学的四个步骤：实验观察、阅读思考、创作发表、批评研讨。

（3）二者的共同点。

① 在理论基础上,二者都在借鉴杜威实用主义教育理论的基础上,充分考虑了中国的时代背景和国情,进行了本土改造。

② 在课程观方面,都打破了传统的"书本课程",都具有灵活的课程观,不仅仅局限于课本。

③ 在教学观方面,都突破了传统的"讲授式"教学,更强调学生主动参与,强调从做中学的重要性。

④ 在思想本质方面,都以儿童为中心,都强调通过教育来改造当时的中国社会。

4. 论述黄炎培的职业教育目的、方针、原则。

黄炎培是中国近现代著名的爱国主义者和民主主义教育家,是我国近代职业教育的创始人和理论家。他以毕生精力奉献于中国的职业教育事业，为改革脱离社会生活和生产的传统教育，建设中国的职业教育，作出了重要的贡献。

（1）职业教育的目的。

黄炎培对职业教育目的的认识和表述，在不同的历史时期和社会场合而有所不同。总的来说，他将职业教育的目的概括为"使无业者有业，使有业者乐业"。

①"使无业者有业"，是指通过职业教育为资本主义工商业发展造就适用人才，同时解决社会失业问题，使人才不至浪费，使生计得以保障。

②"使有业者乐业"，是指通过职业教育形成人的道德智能，使之能胜任所职、热爱所职，进而能有所创造发明，造福于社会和人类。

"使无业者有业，使有业者乐业"的职业教育目的论，包含了黄炎培所提倡的为个人谋生、为社会服务、促进实业发展、增长社会经济、稳定社会秩序诸多追求，表现了他的社会政治观和教育观。

（2）职业教育的方针。

① 社会化。

第一，办学宗旨的社会化：以教育为方法，以职业为目的。

第二，培养目标的社会化：在知识技能和道德方面适合社会生产和社会合作的各行业人才。

第三，办学组织的社会化：学校的专业、程度、年限、课时、教学安排均根据社会需要和学员的志愿与实际条件。

第四，办学方式的社会化：充分依靠教育界、职业界的各种力量，尤其是校长要联络、发挥社会各方面的力量。

② 科学化。

物质方面：包括农业、工业、商业、家事等专业课程的设置、教材的选编、教学训练原则的确定、实习设施的配置等，事前要经过调查和实验，事后要勤于总结，逐步推广。

人事方面：包括教育管理的组织、机构自身的建设等，都要运用科学管理方法。

（3）职业教育的教学原则。

职业教育必须遵循"手脑并用""做学合一"的原则，做到"理论与实际并行""知识与技能并重"。

作为中国近现代职业教育的先行者，黄炎培及其职业教育思想开创和推进了中国的职业教育事业；其平民化、实用化、科学化和社会化特征，也丰富了中国的教育理论，并对20世纪二三十年代中国教育改革产生了巨大的影响。

5. 比较梁漱溟与晏阳初的教育思想。

20世纪二三十年代，在全国范围内广泛兴起了以改革农村和农民现状为宗旨的乡村教育运动，不少学者纷纷提出自己的主张，其中就包括同为乡村教育家的晏阳初和梁漱溟。

（1）二者对于中国问题的分析。

① 晏阳初认为，中国乡村存在四大基本问题——"愚、穷、弱、私"。"愚"指最大多数人是文盲；"穷"指最大多数人民生活得极度贫困；"弱"指缺乏医疗保障，人民健康水平低下；"私"指最大多数人民缺乏合作精神和公民意识。

② 梁漱溟则认为，上述问题只是中国社会的表面现象，其深层原因是文化失调。中国文化的根在乡村，解决中国问题必须从乡村建设入手，从中国旧文化里转变出一个新文化来，创造新文化来救活旧乡村。

（2）二者的乡村教育方案。

① 晏阳初提出"四大教育"和"三大方式"。

"四大教育"：以文艺教育攻愚，培养知识力；以生计教育攻穷，培养生产力；以卫生教育攻弱，培养强健力；以公民教育攻私，培养团结力。

"三大方式"：学校式教育，以青少年为主要对象，设置初级平民学校、高级平民学校和生计巡回学校；社会式教育，以一般群众和农民团体为对象开展读书、演讲等活动；家庭式教育，以家庭中各成员为对象的生活、生产常识教育。

② 梁漱溟提出建立乡农学校。

学校由学长、学董、教员、学众组成，按自然村落和行政级别分村学和乡学两级，实行"政教养卫合一""以教统政"，将学校式教育和社会式教育融合归一。学校课程分两类：一类是以知识教育和精神讲话为内容的共有课程；另一类是各校根据自身生活环境需要设置的课程。

（3）二者教育思想的异同。

① 相同之处：晏阳初与梁漱溟都注重乡村教育在乡村建设中的作用，并将教育与乡村经济、文化、道德等方面结合起来共同建设，在方式上均注意学校教育与社会教育的结合。

② 不同之处：

二者对中国问题的认识不同。晏阳初对中国农村问题的分析更多是对中国"社会病"具体表象的归结；梁漱溟则着力从中国文化寻找中国乡村问题的病因。

乡村教育的理论和方案设计的指导思想不同。晏阳初更注重乡村具体问题的解决，并引进现代民主意识和西方社会治理模式；梁漱溟则主要借鉴中国古代乡约制度并加以改造，更注重弘扬传统道德。

6. 论述杨贤江的马克思主义教育理论观点。

杨贤江是中国最早的马克思主义教育理论家和青年教育家，撰有我国第一部用历史唯物主义分析世界教育历史的著作《教育史 ABC》，第一部运用马克思主义论述教育原理的专著《新教育大纲》。

（1）对教育本质的看法。

① 教育是观念形态的领域之一，即社会的上层建筑之一。教育建立在经济基础之上，取决于经济基础，又反作用于经济基础。

② 教育具有双重属性：既是上层建筑，又是劳动力再生产的手段。

③ 教育本质的演变：原始社会，教育是社会所需要的劳动领域之一；私有制的产生，教育发生了变质，教育成为社会的上层建筑之一；未来社会的教育将是社会所需要的劳动领域之一，是在更高形态上的复活。

（2）教育功能。

杨贤江批判三论四说：三论指的是教育万能、教育救国、先教育后革命。四说指的是教育神圣、教育清高、教育中正、教育独立。

（3）"全人生指导"与青年教育。

① 杨贤江对青年问题进行了分析。

青年问题指的是青年在生活中所发生的困难。比如，人生观、价值观、经济、社交、职业。产生青年问题的原因有两方面：一是青年期是身心发生显著而重要变化的时期，身心的急剧变化导致诸多身心问题；二是社会动荡剧变更易导致青年问题。

② 杨贤江主张对青年进行"全人生的指导"。

第一，指导青年树立正确的人生观，是青年教育思想的核心。

第二，主张青年要干预政治、投身革命。

第三，主张青年必须学习。

第四，对青年的生活提出了指导性意见，包括如何过好健康生活、劳动生活、公民生活、文化生活。

杨贤江的"全人生指导"教育思想的核心是教育青年树立正确的人生观，并引导他们走上革命道路。"全人生指导"最重要的原则是自动自律，培养青少年的主动精神，让青年做自己的主人，教育只是居于指导地位，不应包办和强制。

第十二章
新民主主义教育的发展

一、 重要名词及选择题考点

1. 新民主主义教育方针

1940 年，毛泽东发表的《新民主主义论》明确提出了新民主主义的文化教育方针，即"无产阶级领导的人民大众的反帝反封建的文化"，也就是民族的、科学的、大众的文化。

2. 抗大

"抗大"的全称为中国人民抗日军事政治大学，是一所培养抗日军政干部的学校，是抗日民主根据地干部学校的典型。实行"坚定不移的政治方向，艰苦奋斗的工作作风，机动灵活的战略战术"的教育方针。

校训："团结、紧张、严肃、活泼"。

教育内容：主要为政治思想教育。毛泽东同志将"坚定不移的政治方向"放在学校工作的首位。

二、 论述题

简述革命根据地教育的基本经验。

>>> 参考答案

简述革命根据地教育的基本经验。

（1）教育为政治服务。

① 教育安排。

在成人教育中，坚持"干部教育第一、群众教育第二"。

在群众教育中，坚持"成人教育第一、儿童教育第二"。

②教育内容：始终服从战争需要，以革命战争所需要的内容为主。

③教育形式：灵活多样。

（2）教育与生产劳动相结合。

①教育内容紧密联系当时当地的生产和生活实际，进行劳动习惯和观点、劳动知识和技能的教育。

②教育教学的组织形式和时间安排注意适应生产需要。

③要求学生参加实际的生产劳动。

（3）依靠群众办教育。

①群众教育由群众自己办。

②依靠群众力量创办普通小学。

③干部教育不脱离群众。

外国教育史

第一章

东方文明古国的教育

重要名词及选择题考点

1. 古埃及学校

古埃及开设的学校有宫廷学校、寺庙学校、职官学校和文士学校。

（1）宫廷学校：据古代埃及文献记载，在古王国时期已出现了宫廷学校。宫廷学校是人类有史可稽的最古老的学校。

宫廷学校是国王法老在宫廷中设立的学校，以教育皇子皇孙和朝臣的子弟为宗旨，学生学习完毕，接受适当的业务锻炼后，即分别被委任为官吏。

（2）僧侣学校：设在寺庙中的学校，着重科学技术教育，具体的教学内容包括天文学、数学、建筑学、水利学、医学等。

（3）职官学校：培养能从事某种专项工作的官员，主要进行普通文化课程及专门职业教育，一般是以吏为师。

（4）文士学校：培养能熟练运用文字从事书写和计算工作的人，其中书写最受重视。

2. 古印度教育

古印度的四种种姓有婆罗门、刹帝利、吠舍、首陀罗。公元前6世纪以前的印度教育称为婆罗门教育，公元前5世纪左右的印度教育称为佛教教育。

3. 婆罗门教育

婆罗门教育阶级严格，以家庭教育为主，具有私立性、贵族性，通称"古儒学校"，是办在家庭中的婆罗门学校。

在公元前8世纪以后出现于古印度的婆罗门学校中，教师被称为古儒。

4. 文明古国巴比伦、埃及、印度和希伯来教育的共同特征。

文明古国有古巴比伦、古埃及、古印度和古希伯来，这些文明古国都有自己的特色学校，如古巴比伦的泥板书舍，古印度的婆罗门教育等。这些文明古国的教育共同体现在：

（1）教育性质上：教育有强烈的阶级性和等级性。比如古印度的婆罗门阶级严格，家庭教育为主，具有明显的等级性、贵族性。

（2）教育内容上：以朴素形态的科学知识、文字书写和宗教知识为主要的学习内容，初步形成较为丰富的教学内容体系。文明古国的教育包括智育、德育和宗教等。比如古埃及的僧侣学校，设在寺庙中，主要进行科学技术教育（天文学、数学、建筑学、水利学、医学等）。

（3）教学方法上：实施个别教学，盛行体罚，教学方法较为简单，尚未形成正规的教学组织形式。

（4）教师地位上：相对于古代西方的现实而言，教师具有较高的社会地位。

（5）教育机构上：种类繁多，比如古代埃及的学校就分为四种类型——宫廷学校、僧侣学校、职官学校、文士学校。

一、重要名词及选择题考点

1. 学园

学园是由古希腊哲学家柏拉图创办的第一所西方高等教育学府。在学园中开展广泛的教学活动，培养各类人才，学园里不仅提供哲学、政治、法律等方面的教育，还对自然科学尤为重视。

2. 智者派

（1）在公元前 5 世纪后期，"智者"专指以收费授徒为职业的巡回讲师。

（2）"智者派"的特征是相对主义、个人主义、感觉主义和怀疑主义。

（3）培养目标是教人学会从事政治活动的本领，即训练公民和政治家。

（4）智者派的贡献有：各地云游讲学广泛传播知识；丰富了教学内容；标志着教育工作已经开始职业化；首先确定了"七艺"中的"前三艺"，即文法、修辞学和辩证法；把系统的道德知识和政治知识作为主要的教育内容，既丰富了教育内容，又提供了一种新型的教育——政治家或统治者的预备教育。

3. 苏格拉底法

苏格拉底法又称为"产婆术"，由讥讽、助产术、归纳、定义组成。

（1）讥讽是对对方的发言不断提出追问，迫使对方自陷矛盾，无言以对，承认自己的无知。

（2）助产术指帮助对方自己得到问题的答案。

（3）归纳是从各种具体事物中找到事物的共性、本质，通过对具体事物的比较寻求"一般"。

（4）定义是把个别事物归入一般概念，得到事物的普遍概念。苏格拉底法遵循的原则是从具体到抽象，从个别到一般，从已知到未知。

苏格拉底法注重启发式教育，对于调动学生的积极性、主动性，提升学生自主思考的能力具有重要意义。

4. "七艺"

"七艺"是指智者派提出的"三艺"和柏拉图提出的"四艺"，前者指文法、修辞学和辩证法，后者包括算术、几何、天文和音乐。

5.《理想国》

《理想国》是柏拉图的著作。同《爱弥儿》《民主主义与教育》一起被誉为西方教育史上三大里程碑式著作。

（1）书中柏拉图将人分为三等：哲学王、军人、手工业者和农民。

（2）提出的教育体系是儿童公有公育。

（3）主张儿童20岁之前学习体育、算数、几何、天文、音乐；20岁时进行第一次筛选，看是否有辩证法的天赋；30岁时，对第一次选出来的人进行第二次筛选，选出来的人学习5年辩证法；35岁时放到实际工作中进行锻炼；50岁时合格，成为哲学王，管理国家，继续研究哲学。

（4）《理想国》中：重视儿童早期教育；提倡男女平等；最早提出"寓游戏于学习"；确立"算术、几何、天文、音乐"为后"四艺"；最早提出考试作为选拔人才的手段；拒绝翻新体育和音乐。

6. 灵魂论

（1）亚里士多德认为灵魂分为两个部分：理性部分和非理性部分。

（2）人的灵魂由三部分组成：营养的灵魂、感觉的灵魂、理性的灵魂。这三部分分别对应植物的灵魂、动物的灵魂、人的生命。非理性的部分就是植物的灵魂和动物的灵魂。

（3）灵魂的三个组成部分的要求：对人要进行体育、德育、智育。

二、论述题

1. 简述斯巴达教育的特点。

2. 对比雅典教育和斯巴达教育的异同。

》》》 参考答案

1. 简述斯巴达教育的特点。

（1）环境。

① 地理环境：斯巴达地区北部为山，南部为沼泽，处于平原区，土壤肥沃，但没有适宜的港湾，较为封闭。

② 社会环境：在社会等级制度上，斯巴达人为入侵者，人数较少，却管理着当地的土著居民和工商业者。

（2）教育管理。

在教育管理上，斯巴达的教育完全由国家控制。

（3）教育阶段。

① 斯巴达人在出生时，会进行严格的体检，7 岁之前进行家庭教育。

② 斯巴达人在 7~18 岁时，进入国家教育机构，开始军营生活。斯巴达教育的主要任务是为了让斯巴达人形成健康的体魄，顽强的意志和勇敢、坚韧、顺从、爱国的品质。斯巴达教育的主要内容是"五项竞技"（赛跑、跳跃、摔跤、掷铁饼、投标枪）。

③ 公民子弟在 18 岁后进入青年军事训练团——埃弗比。

④ 年满 20 岁的公民子弟开始接受实战训练。

⑤ 到 30 岁，正式获得公民资格。

（4）教育特点。

注重培养战士，重视体育，重视女子教育。

2. 对比雅典教育和斯巴达教育的异同。

古风时期的希腊教育主要以城邦为主。其中，斯巴达和雅典的教育既有共同点，又有不同之处。

（1）斯巴达和雅典教育的共同点。

① 在教育管理上，都主张由国家对教育进行控制和管理。

② 在教育内容上，都十分注重体育的作用。

③ 在教育阶段上，都注重对刚出生的孩子进行体格检查。

④ 在受教育权上，都排斥对奴隶和非公民的教育。

（2）斯巴达和雅典教育的不同之处。

尽管斯巴达和雅典教育有共同点，但是因为不同的地理和社会环境，所以其教育的不同点更为突出。在地理环境上，斯巴达地区北部为山，南部为沼泽，处于平原区，土壤肥沃，但没有适宜的港湾，较为封闭；在社会等级制度上，斯巴达人为入侵者，人数较少，却管理着当地的土著居民和工商业者。雅典则三面临海，航海和商业发达；在社会等级制度上，雅典进行民主改革，实行民主制度。这样的地理和社会环境导致其教育中的不同之处。主要表现在：

① 在教育体制上，斯巴达的教育完全由城邦负责；雅典注重教育，但不绝对控制。

② 在教育类别上，斯巴达进行的是武士教育；雅典进行的是和谐教育、文雅教育。

③ 在教育目的上，斯巴达以培养勇敢的军人为目的；雅典以培养身心和谐发展的合格公民为目的。

④ 在教学方法上，斯巴达注重刻苦训练、机械服从；雅典注重启发诱导、理解服从。

⑤ 在女子教育上，斯巴达非常重视女子教育，因为女子要承担保卫城邦的重任；雅典则不太重视女子教育。

综上，斯巴达的教育形式单一，程度较低，而雅典的教育形式多样，程度较高。

第三章

古罗马教育

重要名词及选择题考点

1. 西塞罗

西塞罗是古罗马著名的教育家，其教育思想主要体现在其著作《论雄辩家》之中。

（1）就教育目的而言，西塞罗主张培养雄辩家。

（2）就教育内容而言，西塞罗强调广博的知识、修辞学方面特殊的修养、优美的举止和文雅的风度。

（3）就培养方法而言，西塞罗主张通过诸如模拟演讲、练习写作等方法来培养雄辩家。

2. 昆体良

昆体良是公元1世纪古罗马最有成就的教育家，其代表作为《雄辩术原理》。昆体良的教育思想主要包括：

（1）德行是雄辩家的首要品质。

昆体良指出，教育目的是培养善良而精于雄辩术的人。善良是第一位的，在雄辩术上达到完美境界则处在第二位。

（2）学校教育优于家庭教育。

学校教育可以起到激励学生的作用，好的行为对儿童是一种鞭策，错误行为对儿童是一种警诫。学校能为儿童提供多方面的知识，还能养成儿童适应社会公共生活的习惯和参与社会活动的能力。

（3）论学前教育。

昆体良十分重视学前教育，认为应在幼儿说话的前后就进行智育，他在教育史上首次提出了双语教育问题。同时，他认为教育方法也很重要，"最紧要的是要特别当心不要让儿童还不能热爱学习的时候就厌恶学习"。要让最初的教育成为一种娱乐。

（4）教学理论。

① 班级授课制思想的萌芽。昆体良主张把儿童分成班级，依照他们每个人的能力，指定他们依次发言。

② 主张专业教育应建立在广博的普通知识基础上。

③ 主张启发诱导和提问解答的教学方法。

（5）对教师的要求。

昆体良主张教师应该德才兼备、宽严相济、有耐心、懂得教学艺术、因材施教。

第四章
西欧中世纪教育

一、重要名词及选择题考点

1. 骑士教育

骑士教育是世俗奴隶主子弟所受的教育，它同时也是一种培养为世俗封建主服务的、保护封建制度的武夫的教育。

（1）0—7岁，为家庭教育阶段。

（2）7—14岁，进入礼文教育阶段，贵族之家按其等级将儿子送入高一级贵族的家中充当侍童，侍奉主人和贵妇。

（3）14—21岁为侍从教育阶段，重点是学习"骑士七技"，即骑马、游泳、投枪、击剑、打猎、弈棋和吟诗；同时要侍奉主人和贵妇。

（4）年满21岁时，通过授职典礼，正式获得骑士称号。

骑士教育是一种典型的武夫教育，重在灌输服从与效忠的思想观念，目的是为统治者培养阶级守卫者。

2. 城市学校

城市学校不是一所学校的名称，而是西欧中世纪为新兴市民阶层子弟开办的学校的总称，包含不同种类、规模的学校。例如，由手工业行会开办的学校称为行会学校。城市学校的特点包括：

（1）在领导权上，最初的城市学校由行会和商会开办，但是随着城市的发展，城市学校逐渐由市政当局接管。

（2）在归属上，尽管与教会还有联系，如不少教师仍是僧侣，课程内容仍有不少宗教知识，但它基本上属于世俗性质，打破了教会对学校教育的垄断。

（3）在内容上，强调世俗知识，特别是读、写、算的基础知识和与商业、手工业活动有关的各科知识的学习。

二、论述题

论述中世纪大学。

>>> **参考答案**

论述中世纪大学。

（1）中世纪大学的特征。

随着西欧社会的稳定，农业手工业的发展，经济的复苏和城市的复兴、市民阶层的兴起，中世纪大学逐渐形成和发展。著名的大学有意大利的萨莱诺大学、波隆那大学，法国的巴黎大学，英国的牛津大学和剑桥大学等。中世纪大学是一种自治的教授和学习中心。一般由一名或数名在某一领域中有声望的学者和追随者组织，形成类似于行会的团体进行教学和知识交易。中世纪大学的目的是进行职业训练，培养专门人才。主要分为文、法、神、医四科。中世纪大学是西欧社会发展到特定阶段的产物。

中世纪大学的特征如下：

① 国际性：中世纪大学的出现打破了教会对教育的垄断，促进了教育的普；中世纪大学也是现代大学的雏形，其自由自治的传统影响深远。

② 自治特点：利用教会、世俗政权之间的矛盾为自己争取到不少特权，比如，大学师生免税、免兵役。

③ 大学内部有同乡会和教授会等。

④ 学校课程有专门学位制度。

⑤ 在类型上分为学生大学和先生大学：学生大学主要包括意大利的大学、西班牙的大学等；先生大学主要有巴黎大学和北欧一些学校。

（2）中世纪大学的地位。

中世纪大学的兴起是教育史上的一件大事，具有深远的历史意义。中世纪大学是西欧社会开始走向繁荣昌盛在文化上的初步表现，是当时社会进步的缩影，大学的发展又大大地推动了社会的前进。

第五章

文艺复兴与宗教改革时期的教育

一、重要名词及选择题考点

快乐之家

快乐之家是由意大利人文主义教育家维多里诺创办的一种宫廷学校。学校校址环境优美，校风淳朴自然，师生关系融洽，学生的生活与学习过程充满快乐。

（1）在课程设置方面，快乐之家开设了骑马、击剑、游泳等课程；在智育方面，不仅教授自然科学知识，而且把古典语文作为教学的中心。

（2）在师生关系方面，通过爱的情感去启发引导学生，以形成高尚的道德情操。

（3）在教学方法方面，反对机械背诵，提倡运用直观教具，从而启发儿童的学习兴趣和主动性，发展其个性。

（4）在教育史上，维多利诺被称为"仁爱之父"和"第一个新式学校的教师"；快乐之家也被称为"行乐园"。

二、论述题

1. 简述文艺复兴时期的人文主义、新教教育和天主教教育之间的联系、区别和影响。

2. 论述文艺复兴时期人文教育的特点和贡献。

>>> **参考答案**

1. 简述文艺复兴时期的人文主义、新教教育和天主教教育之间的联系、区别和影响。

人文主义教育、新教教育、天主教教育这三种教育势力之间，既有相互冲突的方面，也有相互融会吸收的方面。

（1）三者的区别。

① 在对宗教改革的态度上：人文主义教育、天主教教育都主张实行不流血的改革，反对宗教改革。

② 在对宗教教育的态度上：新教教育与天主教教育都属于宗教教育，反对人文主义教育中的异教因素。

③ 在教育的阶级性上：人文主义教育和天主教教育具有贵族性，而新教教育具有群众性和普及性。

④ 在服务目的上：服务的目的不同是三者的根本差异。教育在新教和天主教中作为一种宗教的工具被利用。古典人文主义教育主要作为一种技术性语言工具被利用。

（2）三者的联系。

① 都很重视古典人文学科，以人文学科为学校课程的主干。

② 都信仰上帝，具有宗教性。

③ 教育的世俗性增强。

（3）影响。

① 持续不断的宗教冲突，尤其是宗教战争，给欧洲社会带来了极大的破坏，也给教育带来了厄运，教育饱受摧残，长时间难以复苏。但宗教冲突使得冲突的参与者认识到，持续的冲突和战争对哪一方都无益处，唯一的出路就是走向宗教宽容。

② 政府对宗教持中立态度标志着国家世俗权力的加强，意味着世俗权力和宗教权力的分离，预示着政教分离原则的最后胜利。这对教育而言则意味着教育势必要成为一种民族的教育，一种由国家控制领导权的教育，一种避免宗教争端的世俗性、公共性的教育。

2. 论述文艺复兴时期人文教育的特点和贡献。

（1）人文主义教育的特点。

人文主义教育以人本主义为核心，有其独特之处，主要表现在：

① 人本主义：注重个性发展，反对禁欲主义，尊重儿童天性。

② 古典主义：主张复兴古希腊、古罗马的文化，注重古典课程的学习。

③ 世俗性：更为关注今生而非来世。

④ 宗教性：抨击天主教会的弊端，但是不反对宗教。

⑤ 贵族性：教育对象多为上层子弟，教育形式多为宫廷教育和家庭教育，而非大众教育，目的是培养上层人士。

综上可见，人文主义教育是进步性与落后性并存的，它开启了欧洲近代教育的先河。

（2）人文主义教育的贡献。

① 促进教育内容发生变化。对古希腊、古罗马的热情使其知识和学科成为教学的主要内容，使得美育和体育复兴并关注自然知识的学习。

② 促使教育职能发生变化。从训练、束缚自己服从上帝到使人更好地欣赏、创造和履行所赋予人的职责。

③ 促进教育价值观发生变化。重新发现人，重新确立了人的地位，强调人性的高贵，复兴了古希腊的个人主义价值观。

④ 复兴了古典的教育理想。形成了全面和谐发展的完人的教育观念，从中世纪培养教士的目标转向文艺复兴培养绅士的目标。

⑤ 复兴了自由教育的传统。教育推崇理性，复兴古希腊的自由教育。

⑥ 兴起了自然主义教育思想。尊重受教育者的兴趣、爱好、欲望和天性，出现了直观、游戏、野外活动等教育的新方法。

⑦ 出现了新道德教育观。以原罪论为中心的道德教育已开始解体，人道主义、乐观、积极向上、热爱自由、追求平等和合理的享乐等新的道德观在人文主义的学校中开始取代天主教会的道德观。

> 第六章

欧美主要国家和日本的教育发展

一、重要名词及选择题考点

1. 公学

公学是 17、18 世纪英国主要的中等教育形式之一。公学是由公众团体集资兴办，在公共场所进行，以培养一般公职人员为主要目的的学校。

公学以升学教育为宗旨，注重古典语言的学习，学生毕业后一般升入牛津大学、剑桥大学。公学与一般的文法学校相比，师资及设施条件更好、收费更高，是典型的贵族学校，一般为私立性质。著名的有伊顿、圣保罗等九大公学。

2. 贝尔—兰卡斯特制

贝尔—兰卡斯特制又称导生制，由英国传教士贝尔和兰卡斯特所创。导生制的出现是与英国的初等教育情况密切相关的。

（1）19 世纪上半期，英国初等教育仍主要由宗教团体和慈善机构办理，教育质量低下，学校数量与入学人数严重不足，发展初等教育的师资也极为欠缺。

（2）导生制应运而生，具体实施方式是：教师在学生中选择一些年龄较大、学习成绩较好的学生充任导生，教师对导生进行教学，然后由他们去教其他学生。

（3）运用这种方法，可使学生的数额大大增加，因而一度广受欢迎，但因其难以保证教育质量而最终被人们所抛弃。

3. 1870 年《初等教育法》

为适应 19 世纪下半叶英国工业革命及与其他国家开展经济竞争的需要，英国政府于 1870 年颁布了《初等教育法》，也称《福斯特法案》。其主要内容如下：

（1）规定国家对教育享有补助权与监督权。

（2）设立学校委员会管理地方教育。

（3）对 5~12 岁儿童实施强迫性初等教育。

（4）承认以前各派教会所兴办或管理的学校为国家教育机关，允许私人办学。

（5）学校里的普通教学与宗教分离，凡公款补助的学校不许强迫学生上宗教课。

《初等教育法》的颁布与实施加速了英国初等教育的发展，标志着英国的初等国民教育制度正式形成。到 1900 年，英国基本普及了初等教育。

4.《费里教育法》

1881 年和 1882 年，法国教育部部长费里先后提出《第一费里法案》和《第二费里法案》（统称为《费里法案》），确立了法国教育义务、免费、世俗化的基本原则。

（1）义务：6~13 岁为法定义务教育阶段，接受家庭教育的儿童须自第三年起每年到学校接受一次考试检查，对不送子女入学的家长予以惩罚。

（2）免费：免除公立幼儿园及初等学校的学杂费，免除师范学校的学费和食宿费。

（3）世俗化：取消公立学校的宗教课，改设道德课和公民课，牧师不再担任学校教师。

5. 绅士教育

绅士教育是由英国著名哲学家、教育家洛克在其著作《教育漫话》中所提出的理论观点。

（1）绅士教育的目标是培养身体健康、精神健全的各种社会活动家和企业家，即绅士。洛克提出，绅士应当具备德行、智慧、礼仪和学问四种品质。这反映了英国社会近代化过程中的一种对精英人才的需求，是英国资产阶级新贵族的教育理想，也成为当时公学教育教学的主导理念。

（2）"绅士教育"的主题思想为：绅士要既有贵族的风度，能活跃于上流社会和政治舞台，又有事业家的进取精神，是发展资产阶级经济的实干人才；绅士应受体育、德育和智育等方面的教育。

6. 白板说

"白板说"是洛克提出的天性论。洛克认为，人出生后的心灵如同一块白板，理性和知识都是通过人的感官和经验获得的。因此，教育在人的形成过程中具有重要作用。

洛克的"白板说"表明了他是经验主义认识论的代表。但是他同时也认为，五官的感觉只能了解物体的部分性质，只有通过"内心反省"才能使人了解复杂的概念。这种不彻底的经验主义认识论，构成了洛克教育思想的出发点。

7. 斯宾塞的科学教育思想

斯宾塞提出了"什么知识最有价值"的命题，并指出了最有价值的标准不在于知识本身是否含有价值，而在于它们的比较价值，比较的尺度在于各类知识与生活、生产和个人发展的关系。在这样的思维框架下，他将人的活动分为五种，并按照这些活动对人生的重要程度，将其依次排列为：① 直接保全自己的活动；② 间接保全自己的活动；③ 抚养、教育子女的活动；④ 社会政治活动；⑤ 闲暇爱好和情感活动。

斯宾塞依据上述五种活动，提出了五种课程体系：

第一，生理学和解剖学。这是关于阐述生命和健康规律，以便直接保全自己的知识。

第二，逻辑学、数学、力学、化学、天文学、地质学、生物学和社会科学。这属于间接保全自己的知识，是文明生活得以维持的基础知识。

第三，心理学和教育学。这是履行父母责任必须掌握的知识。

第四，历史学。这有助于人们调节自己的行为，成功履行公民的职责。

第五，文学和艺术。这些是"为了欣赏自然、文学、艺术的各种形式做准备"的科目。作用是满足人们闲暇时休息、娱乐的需要。

8. 法国中央集权式教育管理体制

为牢固掌握教育管理权，拿破仑授意颁布了各种教育法令，如《关于创办帝国大学及其全体成员的专门职责的法令》（1806 年 5 月）、《关于帝国大学组织的政令》（1808 年 3 月）、《关于帝国大学条例的政令》（1808 年 9 月）等，这些教育法令规定：

（1）以帝国大学的名义建立专门负责整个帝国公共教育管理事务的团体。

（2）帝国大学总监为最高教育管理长官，具体负责学校的开办、取缔，教职人员任免、提升与罢黜等事宜。

（3）帝国大学下设由 30 人组成的评议会，协助总监管理全国教育事务；全国共划分为 29 个大学区，每个大学区设总长 1 人，并设由 10 人组成的学区评议会。

（4）开办任何学校或教育机构必须得到国家的批准。

（5）一切公立学校的教师都是国家的官吏。

9. 泛爱学校

"泛爱学校"的创始人是巴西多，它是在夸美纽斯和法国启蒙学者的教育思想影响下出现的新式学校。学校采用"适应自然"的教学方式，入学的贵族子女一律改穿简单活泼的儿童服装，还儿童以本来面目。教学中注重直观，儿童常在游戏、表演、诵读、交谈、心算等活动中学习。学习的内容十分广泛，本族语和实科知识占重要地位。

10. 实科中学

实科中学与文科中学相对，德国的实科教育因工商业的发展和城市生活的日渐丰富而走在欧洲各国的前列。弗兰克于 1695 年在哈勒开办了一所国民学校，以实科内容和直观方法施教并给贫家子弟免费提供教材，此后又设立科学学校、诊所、印刷厂、师范学校及文科中学等。1708 年，席姆勒创办了数学、机械学、经济学实科学校。1747 年赫克建立了类似的学校，所开设的实科课程更为广泛，影响更大。

11. 德国新大学运动

在高等教育方面，德国创办了哈勒大学和哥廷根大学，出现了"新大学运动"。1694 建立的哈勒大学，是欧洲第一所新式大学。新大学的特征之一是积极吸收最新的哲学和科学研究成果，排除宗教教条。哈勒大学的又一特色是提倡"教自由"和"学自由"哥廷根大学于1737年建立，进一步注重科学研究，设有藏书丰富的图书馆和各种研究所。

12. 公立学校运动

公立学校运动是19世纪由贺拉斯·曼和巴纳德等人在美国初等教育领域所发起的运动。

第一，建立地方税收制度，兴办公立学校。通过地方税收制度的建立，为公立学校的创办和运行提供必要的经费支持。

第二，实行强迫入学。1852年，马萨诸塞州第一个颁布义务教育法，规定8~12岁儿童每年必须入学学习12周。

第三，免费教育。公立学校运动认为义务教育阶段应对所有符合规定的学龄儿童实行免费教育。

公立和免费原则的实行，为更多人提供了接受中等教育的机会。公立学校运动还扩展到中学。

13.《赠地法案》

1862年，林肯总统批准实施《赠地法案》(也称《莫里法案》《莫雷尔法案》)。

（1）该法案规定，联邦政府根据各州在国会的议员人数，按每位议员三万英亩的标准向各州拨赠土地，各州应将赠地收入用于开办或资助农业和机械工艺学院。

（2）利用这笔拨赠，大多数州专门创办了农业或机械工艺学院，有的州则在已有大学内附设农业或机械工艺学院。这在很大程度上推动了农工教育的开展，开启了高等教育为社会服务的先河。

14. 明治维新

明治维新是19世纪60—90年代日本的改革运动，实施"文明开化"的指导思想。

（1）教育领导体制：设立大学院和大学区制；设立文部省，颁布教育改革法令——《学制令》，发展近代资产阶级性质的义务教育。

（2）翻译西方书籍：提倡学习西方社会文化及习惯，翻译西方著作。

（3）教育机关颁布《教育敕语》：灌输武士道、忠君爱国等思想。

（4）发展留学教育：选派留学生到英、美、法、德等先进国家留学。

二、论述题

对比洪堡柏林大学的改革和蔡元培北京大学的改革。

》》》 **参考答案**

对比洪堡柏林大学的改革和蔡元培北京大学的改革。

洪堡对柏林大学的改革，带来了大学教育实质性的变化，欧洲各国，美国、日本及我国的大学改革都是以柏林大学为楷模。蔡元培先生在改造北京大学时提出的教育思想中，就继承和发扬了柏林大学的办学精神。

（一）柏林大学的改革内容

洪堡对柏林大学的改革内容包括：

1. 聘请了一批学术造诣深厚、教学艺术精湛的教授到校任教。

2. 重视柏林大学的学术研究与培养学生的研究能力。

3. 在教学方法上，以"习明纳"为主，学生以教授为中心，组建研究室，对教授提出的问题进行研究。

（二）北京大学的改革内容

蔡元培对北京大学的改革内容包括：

1. 抱定宗旨，改变校风：认为大学为研究高深学问之地。

（1）改变学生观念，让学生抱定为求学而来的宗旨。

（2）整顿教师队伍，延聘积学热心的教员。

（3）发展研究所，广积图书，引导师生研究兴趣。

（4）砥砺德行，培养正当兴趣。

2. 贯彻"思想自由，兼容并包"的办学原则。

3. 教授治校，民主管理。

4. 学科与教学体制改革：

（1）扩充文理，改变"轻学而重术"的思想。

（2）沟通文理，废科设系。

（3）改年级制为选科制，主张"尚自然""展个性"。

（三）蔡元培和洪堡教育思想的对比

1. 相同点

（1）研究高深学问：大学理想的价值取向

洪堡和蔡元培都推崇"学术至上"的思想，同时也实行了"兼容并包"的实践，两者均广聘贤才，创设各种专门的研究机构。洪堡认为大学不再是一般意义的学校，不应再有教师和学生，只有"独立的研究者"（教授）和"受指导的研究者"（学生）。蔡元培认为："大学者，囊括大典，网罗众家之学府也"。聘用不同党派、不同信仰、不同思想、不同观点的学界人才。

（2）教与学的充分自由：管理体制改革

洪堡和蔡元培均实行选科制和教授治校。在柏林大学，教师们拥有充分的教学自由，学生们拥有充分的自由学习的选择权。无论是教授或是私人讲师都享有充分的教学自由。蔡元培主张废除年级制，实行选科制。教授治校为教学和科研活动与学术自由提供了制度上的保障。

（3）纯粹的大学教育：教育独立的思想与实践

洪堡认为大学应不为政治、经济社会利益所左右，强调大学在学术管理和学术上的自主性。蔡元培主张教育独立，不仅教育经费独立，而且教育要独立于政党和教会。

（4）平民的大学教育：教育民主的思想与实践

洪堡曾反对按照等级划分各行各业，反对按照社会阶层划分学制等。蔡元培提倡女子教育，主张教育平等，人人都有受教育的权利，极力提倡平民教育。

2. 不同点

（1）对大学职能的理解及其改革措施有异

洪堡认为大学重要的是要进行"纯知识"的科学研究，把科学研究放在了至高无上的地位，教学在次要的位置。蔡元培则认为大学既要"研究高深学问"，又要"培养硕学闳才"，把教学和研究放在同样重要的位置。

（2）对大学性质的理解及改革措施不同

洪堡认为大学要探索纯粹的学问、探求真理，而非满足实际的社会需要，反对向学生进行带有目的的、实用的职业教育。蔡元培则认为大学也可以进行专门教育，即职业教育，他认为传授生活或各种职业所需要的东西也是大学职能的一部分，在重点整顿文科的基础上，大力加强理工科建设。

（3）对大学教育目标的理解及其改革措施有别

洪堡强调人的"个性"的培养，主张自我教育是培养完人的重要途径。蔡元培则强调群体性，主张五育并举。

（四）启示

1. 大学精神——现代大学的特质

大学精神是指一所大学的整体面貌，是一所大学的灵魂。21世纪的大学精神应主要表现为：凸显科学理性、发扬文化自觉、彰显卓越意识、崇尚开放包容。

2. 健全人格的人才——大学的培养目标

大学是为国家培养优秀人才的地方，要做到将学生看作学校生存之本、发展之本；一切为了学生，为了一切学生，为了学生的一切；以爱为基，发扬校园的"人性之爱"，如举办"学雷锋活动"等，培养学生对社会的爱、对全人类的爱。

3. 办学特色——大学求发展的必由之路

特色：一是"人无我有"，即独特性或个性；二是"人有我优"，即杰出性或优质性；三是"人优我新"，即开拓性或创新性。学校有特色才能提高办学的效力，形成办学的活力，进而使学校产生强大的生命力，其中调研是基础、教师是关键、学生是根本。

4. 人格魅力——当代大学校长须具备的基本素质

被称为北京大学"永远的校长"的蔡元培先生几乎成为一个世纪的教育神话，至今仍是大学校长望其项背而效仿的榜样。我们可以从蔡先生身上学到：要树立致力于教育事业的决心和教育兴国的理想、形成宽容的气度和敢于改革的精神。

综上所述，洪堡和蔡元培作为中西方现代大学的开创者，他们的大学教育思想与实践有共同交汇的地方，也有各自趋向之处，这些与他们所处的时代背景，社会环境以及他们各自的哲学观及生活经历密切相关的。教学改革需要结合本国的政治、经济、文化背景，结合各个高校的不同情况，形成一套自己的理论，然后应用于实践，这样才能有一定的成效。

第七章

欧美近代教育思想的发展

一、重要名词及选择题考点

1. "泛智"教育

17世纪，捷克教育家夸美纽斯提出的"泛智主义"教育观，主张"将一切事物教给一切人"。

人自身具有接受教育的先天条件，知识和道德的种子在人的身上。教育具有改造社会和塑造人的重大作用，社会和人的进步离不开教育。

为此，帝王和官吏应为民众兴办学校，民众应劝说当权者兴办学校，学者和神学家们应促成普及教育事业，教育工作者应积极投身教育实践。

（1）积极意义：夸美纽斯普及教育的观点受莫尔和路德的影响，内涵十分丰富。

（2）局限性：夸美纽斯主张男女接受教育的程度不同，不同阶级的人接受教育的目的不同，具有局限性。

2. 卢梭消极教育

消极教育实际上就是与传统的教育相反，把成人、教师在教育中的中心位置让位于儿童的自主发展；儿童不再是被动受教，教师不再是主宰一切。可见，卢梭的"回归自然"的主张确实是教育史上哥白尼式的革命，带来了儿童观、教育观翻天覆地的变化。

3. 教育心理学化

裴斯泰洛齐是教育史上第一个明确提出"教育心理学化"的教育家。将教育的目的和教育的理论指导置于儿童本性发展的自然法则的基础上。必须使教学内容的选择和编制适合儿童的学习心理规律，即教学内容心理学化。教学原则和教学方法心理学化，让儿童成为自己的教育者。

4. 要素教育

裴斯泰洛齐认为，德育的基本要素是儿童对母亲的爱。裴斯泰洛齐把数目、形状和语言确定为教学的基本要素。裴斯泰洛齐指出，体育的基本要素是关节活动。

5. 初等学校各科教学法

语言教学的三阶段：发音教学、单词教学、语言教学。裴斯泰洛齐认为，数字"1"是数目的最简单要素，而计数是算术能力的要素。直线是构成各种形状的最简单的要素。

6. 赫尔巴特教育性教学原则

赫尔巴特依据其对心理学和伦理学的广泛研究，认为知识与道德具有直接的和内在的联系。人只有认识了道德规范，才能产生服从道德规范的意志，从而形成符合道德规范的行为。因此他提出了教育性教学原则，主张"不存在无教学的教育，反过来，不承认任何无教育的教学"。

（1）教学是道德教育的基本途径。

道德教育是通过，而且只有通过教学才能真正产生实际作用，教学是道德教育的基本途径。

（2）教学的目的。

教学的目的与整个教育的目的保持一致，教学的最高目的在于养成德行。为了实现这个最终的目的，教学还必须为自己设立一个近期的、较为直接的目的，这个目的就是发展多方面的兴趣。

7. 恩物

恩物是福禄培尔创制的一套供儿童使用的教学用品。他认为，恩物的教育价值就在于帮助儿童认识自然及其内在规律。恩物作为自然的象征，能帮助儿童由易到难，由简到繁，循序渐进地认识自然。

二、论述题

1. 简述卢梭的自然教育思想。
2. 简述赫尔巴特课程论的内容及启示。

3. 论述兴趣在赫尔巴特教育思想中的体现。

4. 论述裴斯泰洛奇的"教育心理学化"思想。

5. 教育适应自然原则在卢梭、裴斯泰洛齐、福禄培尔思想中的不同发展。

》》》参考答案

1. 简述卢梭的自然教育思想。

卢梭的自然主义教育理论集中表现在他的著作《爱弥儿》中。

（1）自然主义教育理论的基本含义。

① 主张回归自然，15岁之前的教育必须在远离城市的农村中进行。

② 每个人都是由自然的教育、事物的教育、人为的教育三者培养起来的。三种教育结合才能培育好人。因为自然的教育不受人的控制，所以事物的教育和人为的教育需要符合自然的教育。

（2）自然主义教育的目标。

卢梭自然主义教育的目标是培养自然人。自然人的特征是独立自主、平等、自由、自食其力。

（3）自然教育的方法原则。

① 正确认识儿童，把孩子看作孩子。孩子不是等待管教的奴仆，也不是成人的玩物。

② 实行消极教育，遵循自然天性的教育。

③ 主张因材施教。

（4）消极教育。

消极教育指的是教育应该遵循儿童的自然天性，尊重儿童的主动地位，反对灌输和强迫。教师需要创造学习环境，防范不良影响。

但是消极教育不等于不教育，不等于教师什么都不做，不等于放任自流的教育，消极教育强调的是成人的不干预、不灌输、不压制，儿童遵循自然、率性发展，消极教育的依据是人性本善。

（5）女子教育。

卢梭主张，女子教育主要是为了培养贤妻良母。

（6）自然主义教育思想的实施。

卢梭将自然主义教育的实施分为四个阶段：婴儿期主张儿童自由

活动，以身体的养育和锻炼为主；儿童期又称"理性的休眠期"，主张锻炼感官，继续体育，不可以进行理性教育；青年期将培养学习的兴趣能力放在学习首位，主张在活动中学习；**青春期进行宗教教育、爱情教育和性教育。**

2. 简述赫尔巴特课程论的内容及启示。

赫尔巴特认为课程的设置要考虑以下方面的因素：

（1）经验、兴趣与课程。

课程内容的选择必须与儿童的经验和兴趣相一致，只有与儿童经验相联系的内容，才能引起儿童的兴趣。赫尔巴特将兴趣分为两类，主张依兴趣的分类设置课程。

① 经验的兴趣。经验的兴趣对应的课程：自然、物理、化学、地理等；思辨的兴趣对应的课程：数学、逻辑、文法等；审美的兴趣对应的课程：文学、绘画等。

② 同情的兴趣。具体包括同情的、社会的、宗教的兴趣；同情的兴趣对应的课程：外国语、本国语等；社会的兴趣对应的课程：历史、政治、法律等；宗教的兴趣对应的课程：神学等。

（2）统觉与课程。

① 相关原则：学校不同课程的安排应当相互影响、相互联系。

② 集中原则：在学校的所有课程中，选择一门科目作为学习的中心，其他科目作为学习和理解它的手段，历史和数学是所有科目的中心。

（3）儿童发展与课程。

文化纪元理论是儿童发展与课程设计的基础。以此为基础，赫尔巴特深入探讨了儿童的年龄分期。

① 婴儿期：0~3岁，相当于人类历史的早期，对身体的养护大于一切；

② 幼儿期：4~8岁，相当于人类历史的想象期，教学内容以《荷马史诗》为主；

③ 童年期：主要学习任务是教授数学；

④ 青年期：主要学习任务是教授历史。

（4）赫尔巴特课程论的启示。

① 根据兴趣设置广泛的课程内容。课程内容的选择必须与儿童的经验和兴趣相一致，只有与儿童经验相联系的内容，才能引起儿童的兴趣。

② 在进行课程改革的过程中，必须以间接经验的学习为主，以学生的直接经验为基础。

③ 学校在进行课程安排时必须遵循相关与集中原则。学校不同课程的安排应当相互影响、相互联系。在学校的所有课程中，选择一门科目作为学习的中心，其他科目作为学习和理解它的手段。

④ 以儿童发展以及文化发展为课程设计的基础，匹配发展时期有的放矢地进行针对性的教育，提高课程内容的时效性。

3. 论述兴趣在赫尔巴特教育思想中的体现。

（1）赫尔巴特的兴趣观。

兴趣是一种将思维的对象保留在意识中的内心力量，是一种智力活动的特性，并具有道德的力量。赫尔巴特把人类所具有的多方面兴趣分为两类：经验类的兴趣和同情类的兴趣，把兴趣活动分为四个阶段：注意、期待、探求和行动。

（2）兴趣观在其教育理论体系中的作用。

① 兴趣是统觉的条件：兴趣可以使意识阈中的观念处于高度活跃的状态。

② 兴趣是教育的目的：教育所要达到的基本目的可分为两种，即"可能的目的"和"必要的目的"。所谓"可能的目的"，是指与儿童未来所从事的职业相关的目的，这个目的是要发展多方面的兴趣，使人的各种潜力得到和谐发展。"必要的目的"是指教育所要达到的最高和最为基本的目的，即道德，这个目的就是要养成内心自由、完善、仁慈、正义和公平五种道德观念。培养儿童多方面的兴趣是赫尔巴特为教学所确立的直接的、近期的目的，教学又是实现道德教育目的的基本手段。

③ 兴趣观是赫尔巴特设置课程的基本依据之一。课程内容的选择和编制应该与儿童的兴趣保持一致。赫尔巴特将兴趣分为经验类的兴趣和同情类的兴趣。

经验类的兴趣包括经验的、审美的、思辨的。**经验的兴趣应设自**

然、物理、化学和地理等课程；思辨的兴趣，应设数学、逻辑和文法等课程；审美的兴趣，应设文学、绘画等课程。

同情类的兴趣包括同情的、社会的、宗教的。同情的兴趣，应设本国语、外国语等课程；社会的兴趣，应设历史、政治、法律；宗教的兴趣，应设神学等课程。

④ 兴趣观是赫尔巴特确立教学形式阶段论的重要依据。赫尔巴特从心理学角度出发，将兴趣分为四阶段：注意、期待、探求、行动。与之对应，他提出了教学形式阶段理论：明了、联合、系统、方法。在教学的明了阶段，学生的兴趣表现为注意，处于静止的专心活动，教师通过提示来使学生获得清晰的表象；在教学的联合阶段，兴趣表现为期待，教师运用分析的教学方法；在系统的教学阶段，兴趣处于探求阶段，教师运用综合的教学方法；在方法阶段，教师要求学生自己进行活动，通过练习来巩固新的知识。

4. 论述裴斯泰洛齐的"教育心理学化"思想。

在世界教育史上，裴斯泰洛齐是第一个明确提出"教育心理学化"口号和诉求的教育家。裴斯泰洛齐的教育心理学化主张：

第一，教育目的的心理学化。要求将教育的目的和教育的理论指导置于儿童本性发展的自然法则的基础上。只有认真探索和遵循儿童的心理活动和心理发展规律性，才能取得应有的教育和教学效果。

第二，教育内容心理学化。使教学内容的选择和编制适合儿童的心理学习规律。

第三，教学原则和教学方法心理学化。做到这一点，首要的是使教学程序与学生的认识过程相协调。

第四，要让儿童成为他自己的教育者。

以上即为裴斯泰洛齐教育心理学化的基本主张。

5. 教育适应自然原则在卢梭、裴斯泰洛齐、福禄培尔思想中的不同发展。

教育适应自然的原则是 17 世纪捷克教育家夸美纽斯提出的根本性指导原则。他认为，宇宙万物和人的活动中存在普遍的法则，这些法则保证了宇宙万物的和谐发展。人的活动应该遵循这些普遍的法则，依据人的自然本性和儿童年龄特征进行教育。

（一）卢梭的自然主义教育思想。

卢梭是自然主义教育思想的典型代表，他在其著作《爱弥儿》中论述了自然主义教育思想体系，从理论的完整性上深化了自然主义教育思想。

（1）自然教育理论的思想基础：卢梭的人性论和感觉论。

在人性论上，卢梭主张性善论。他认为人有三心：自爱心、怜悯心、良心，如果顺其自然，就能达到高尚的道德。在感觉论上，卢梭认为，感觉是知识的来源，应重视感官训练。卢梭的观点显示了近代教育心理学化的端倪，影响了裴斯泰洛齐的思想。

（2）自然主义的教育理论。

自然主义教育理论的基本含义是主张回归自然，15 岁之前的教育必须在远离城市的农村中进行。每个人都由自然的教育、事物的教育、人为的教育三者培养。三种教育结合才能培育好人。因为自然的教育不受人为控制，所以事物的教育和人为的教育需要符合自然的教育。

① 卢梭提出消极教育的主张：消极教育指的是教育应该遵循儿童的自然天性，尊重儿童的主动地位，反对灌输和强迫。教师需要创造学习环境，防范不良影响。但是消极教育不等于不教育，不等于教师什么都不做，不等于放任自流的教育，消极教育强调的是成人的不干预、不灌输、不压制，儿童遵循自然率性发展。消极教育的依据是人性本善。

② 卢梭自然主义教育的培养目标是培养自然人。自然人的特征是独立自主、平等、自由、自食其力的人。

③ 卢梭提出自然主义教育的方法原则有：正确认识儿童，把孩子看作孩子，孩子不是等待管教的奴仆，也不是成人的玩物；实行消极教育，实行遵循自然天性的教育；主张因材施教。

④ 在女子教育上，卢梭主张女子教育主要是为了培养贤妻良母。

（3）自然主义教育理论的实施。

卢梭将自然主义教育的实施分为四个阶段，分别是婴儿期、儿童期、青年期、青春期。

卢梭的自然主义教育思想是教育界一场哥白尼式的革命，德国巴西多的泛爱学校、瑞士裴斯泰洛齐的"教育心理学化"、赫尔巴特以及杜威的教育思想都受到卢梭的影响。自此研究学生、研究儿童的号召，已经成为教育研究中的永恒课题。

（二）裴斯泰洛齐的教育心理学化思想。

裴斯泰洛齐首次提出了"教育心理学化"的口号，反对专制主义和经院主义，主张教育提高到科学的水平，进一步将自然教育思想深化。

（1）教育目的心理学化：将教育的目的和教育理论指导置于儿童本性发展的自然法则的基础上。

（2）教育内容心理学化：使教学内容的选择和编制适合儿童的学习心理规律。

（3）教学原则和教学方法心理学化：教学遵循人的认识活动规律。人的认识活动包括：模糊的感觉印象—精确的感觉印象—清晰的表象—确定无误的概念。直观性是教学的基本原则，循序渐进是另一重要的原则。

（4）让儿童成为他自己的教育者。

（三）福禄培尔认为教育必须遵循儿童的"内在"生长法则。

（1）福禄培尔在教育史上第一次把自然哲学中的"进化"概念完全而充分地运用于人的发展和人的教育。福禄培尔认为，如同万物生长一样，人的成长也必须服从两条相互补充的原则：对立和调和。对立和调和法则是一切运动的原因，亦是人的发展的原因。

（2）受裴斯泰洛齐的影响，福禄培尔的幼儿园课程中设有"自然研究"。他认为，自然研究不但可使儿童养成爱护花木禽兽的品性，还有助于满足儿童的好奇心，培养自制力和牺牲精神，促进知识的学习与智力的发展，培养对自然科学研究的兴趣。

一、重要名词及选择题考点

1. 新教育运动

新教育运动又称新学校运动，是指 19 世纪末 20 世纪初在欧洲兴起的教育改革运动。早期代表人物：英国教育家雷迪、德国教育家利茨和法国教育家德莫林等。

（1）1889 年，被称为"新教育之父"的英国教育家雷迪创办了阿博茨霍尔姆学校。

（2）1898 年，德国教育家利茨在德国哈尔茨山区的伊尔森堡创办了德国第一所乡村教育之家。

（3）1899 年，法国教育家德莫林创办了法国第一所新学校——罗歇斯学校。

1922 年，"新教育联谊会"制定了"新教育的七项原则"。具体包括：

第一，增进儿童的内在精神力量。第二，尊重儿童个性发展。第三，儿童的天赋自由施展。第四，鼓励儿童自制。第五，培养儿童为社会服务的合作精神。第六，发展男女儿童教育。第七，要求儿童尊重他人也保持个人尊严。

1966 年，"新教育联谊会"改名为"世界教育联谊会"，这一事件成为新教育运动结束的标志。

2. 昆西教学法

19 世纪末，美国教育家帕克在担任马萨诸塞州昆西市教育局局长时，领导和主持了昆西学校实验。帕克的教育革新措施以"昆西教学法"或"昆西制度"著称，他本人也被誉为进步运动的先驱者。

昆西教学法的主要特征有：（1）强调儿童应处于学校教育的中心；

（2）重视学校的社会功能；（3）主张学校课程应尽可能与实践活动相联系；（4）强调培养儿童自我探索和创造的精神。

3. 进步教育运动

1919年，进步教育发展协会在美国建立，该协会后来被改称为美国进步教育协会。1920年，该协会提出了进步教育运动的七项原则或纲领：（1）儿童有自由发展的自由。（2）兴趣是全部活动的动机。（3）教师是指导者，而不是布置作业的监工。（4）注重学生发展的科学研究。（5）对于儿童身体发展给予更大的关注。（6）适应儿童生活的需要，加强学校与家庭的合作。（7）进步学校在教育运动中具有领导作用。

20世纪20年代末，由于进步教育运动的专业化倾向，使其失去了公众的理解和支持。1929年爆发的经济危机严重影响了美国进步教育运动的发展：（1）儿童中心到注重社会职能：进步教育运动的方向发生改变。此前强调儿童中心和个人的自由发展，此后更加意识到学校的社会职能。（2）初等教育到中等教育：从20世纪30年代初期开始，进步教育运动的重心逐步从初等教育转向中等教育。（3）改造主义的出现：经济危机加剧了进步教育运动内部的分裂，"改造主义"正是这种分化的产物。

1944年，美国的进步教育运动开始走向衰落。美国进步教育协会更名为"美国教育联谊会"，成为欧洲新教育联谊会的一个分会。1955年，协会解散。1957年，《进步教育》杂志停办，标志着美国教育史上一个时代的结束。

4. 实验教育学

实验教育学兴起于19世纪末20世纪初，代表人物有梅伊曼和拉伊。其主要观点有：

（1）反对以赫尔巴特为代表的强调概念思辨的教育学，认为这种教育学对检验教育方法的优劣毫无用途。

（2）主张利用当时与儿童发展有关的各方面的科学研究成果及研究方法来推动教育研究的科学化。

（3）将教育实验分为提出假设阶段、制订计划阶段、实验验证阶段。

（4）认为心理实验与教育实验是有差别的，心理实验是在实验室里进行的，而教育实验则是在学校环境和教学实践中进行的。

（5）重视实验，主张用实验、统计和比较的方法进行研究。

实验教育学进一步推动了教育理论走向科学化，但是，当后继者把实验方法夸大为教育学研究的唯一有效方法时，就走上了教育学研究中"唯科学主义"的迷途。

二、论述题

1. 简述杜威"教育的本质"。
2. 比较赫尔巴特和杜威的教育思想。
3. 简述苏霍姆林斯基的教育理论。
4. 简述杜威的教育无目的论及其对当代教育的启示。

>>> 参考答案

1. 简述杜威"教育的本质"。

（1）教育即生活。

杜威认为教育是生活的过程，学校是社会生活的一种形式，即学校生活也是生活的一种形式。

①学校生活应与儿童自己的生活相契合，满足儿童的需要和兴趣。

②学校生活应与学校以外的社会生活相契合。

③"学校即社会"意在使学校生活成为一种经过选择的、净化的、理想的社会生活，使学校成为一个合乎儿童发展的雏形的社会。

（2）教育即生长。

①"教育即生长"要求摒除压抑、阻碍儿童自由发展之物，使一切教育和教学适合儿童的心理发展水平和兴趣、需要的要求。然而这种尊重绝非放任自流，任由儿童率性发展。

②杜威所理解的"生长"是机体与外部环境、内在条件与外部条件交互作用的结果，是一个持续不断的社会化的过程。杜威要求尊重儿童但不同意放纵儿童。

③"教育即生长"所体现出的儿童发展观也是杜威民主理想的反

映。尊重儿童身心发展特点是使儿童充分生长和发展的重要条件，而儿童的充分生长和发展亦有助于社会目的的达成。

（3）教育即经验的改造。

① 克服了经验与理性的对立：理性不是凌驾于经验之上，而是寓于经验之中，并在经验中不断修正，经验的过程就是一个实验的过程、运用智慧的过程、理性的过程。

② 拓宽了经验的外延：经验不再被视为感觉作用和感性认识，而是一种行为、行动，含有认知的因素。

③ 强调经验过程中人的主动性：经验的过程是一个主动的过程，不单是有机体受环境塑造，还存在着有机体对环境的主动改造。

2. 比较赫尔巴特和杜威的教育思想。

赫尔巴特是德国教育史上具有重大影响的教育家、哲学家和心理学家，杜威是美国教育史上著名的实用主义教育学家、心理学家和哲学家。赫尔巴特被称为传统教育的教育家，杜威则是现代教育家的杰出代表。他们的教育思想既有相通之处，又各有不同。

（一）相通之处。

（1）在教育目的上，都体现以学生为本，重视学生的个性和兴趣。

赫尔巴特认为，学生未来会选择不同职业，因此会产生多方面的兴趣，基于此，教育目的包括"可能的目的"；与此同时，教育还应有"必要的目的"，即不管学生未来会从事何种职业，教育都必须培养其形成完善的道德品格。

杜威则认为学生现在"生活""生长"和"经验改造"中产生的需要和自由发展的价值才是教育的目的。

可见两人都没有忽视教育要从学生的需要出发。

（2）在教学方法上，都注重学生经验的作用和思维的培养。

赫尔巴特提出了"统觉"的概念，认为在教学过程中，那些不符合学生头脑中旧观念的新观念或新经验被排斥，而相符合的观念或经验则被同化。杜威则强调教育即经验改造，认为从本质上来说，教学就是"属于经验""由于经验"和"为着经验"的。可见两人都强调经验的作用。

无论是赫尔巴特的"四段教学法",还是杜威的"思维五步法",都体现出他们注重对学生思维的培养。

（二）不同之处。

（1）培养德行与教育无目的论：教育目的的不同。

赫尔巴特认为，教育的目的是培养道德性格的力量，主要体现在五种道德观上，即自由、完善、仁慈、正义和公平。杜威则认为教育的过程，在它自身以外没有目的，它就是它自己的目的；教育的过程是一个不断改组、不断改造和不断转化的过程。

（2）重教与重学：教学论的不同。

① 在教学程序上，赫尔巴特以观念心理学为基础，提出了四个教学阶段：明了、联合、系统和方法。杜威以思维的五个阶段为根据，提出了"思维五步法"。

② 在教与学的方法上，赫尔巴特强调教师讲授，以教师为中心，强调重在教师如何将知识传授给学生，学生依赖教师、静听。杜威则强调课堂讨论，以学生为中心，重在学生自己发现问题和解决问题，师生共同参与。

③ 在教学重点上，赫尔巴特认为教学应以书本为中心，教师把已知的知识传授给学生，学生从书本中学习理论知识。杜威则强调从做中学，从经验中学习，让学生用已知知识发现和探索未知知识，以活动为中心，主动写作业。

（3）侧重兴趣与侧重经验：课程论的不同。

① 课程内容不同。

赫尔巴特根据"多方面兴趣"的理论，建立了一个广泛学科的课程体系。杜威的课程内容观以经验和环境为主，从实用主义经验出发，肯定了教育与经验的密切关系。

② 课程实施不同。

赫尔巴特根据兴趣的四个活动阶段，把教学过程分为四个连续的阶段：明了、联合、系统、方法。杜威提倡用"从做中学"，把"知"和"行"统一起来。

由于赫尔巴特和杜威所处的历史环境不同，他们提出各自教育思想的出发点和立足点也就有所不同，这是历史的必然性，也是他们教育思想的独特性体现。对待这两位教育家的思想，我们不能厚此薄彼，而应该结合我国当前提高教育质量和实现教育学本土化的实际，根据当前社会发展的需要与变革时期人的发展需要，分清两种教育思想的合理性和不足之处，汲取其中的精髓，进行优势整合。

3. 简述苏霍姆林斯基的教育理论。

苏霍姆林斯基是苏联卓越的教育家、教师、思想家和作家。

（1）学校教育的理想和奋斗目标

① 学校的主要任务是培养全面和谐发展的人、社会进步的积极参加者。

② 全面和谐发展的人的内涵。苏霍姆林斯基认为，全面和谐的发展意味着劳动与人在各类活动中的丰富精神的统一，意味着人在品性上以及同他人相互关系上的道德纯洁，意味着体魄的完美、审美需求和趣味的丰富及社会兴趣和个人兴趣的多样。

（2）和谐的教育

苏霍姆林斯基认为，为了培养全面和谐发展的人，就必须深入地改善整个教育过程，实施和谐的教育。

（3）按照诸育相互联系、相互渗透的整体观点进行德育、智育、体育、美育、劳动教育的思想

① 德育：苏霍姆林斯基主张德育在全面和谐的教育中应占有主导的地位。

② 智育：苏霍姆林斯基指出，智育应当包括获得知识，形成科学世界观，发展认识能力和创造能力，养成脑力劳动文明，养成一个人在整个一生中都对丰富自己的智慧和把知识运用于实践的需要等多方面的任务与要求。

③ 体育：苏霍姆林斯基认为，体育不仅本身是重要的，它对培养道德、美感和进行智育也有重要的作用。

④ 美育：苏霍姆林斯基指出，美育最重要的任务是教会孩子能从周围世界的美和人的关系的美中看到精神的高尚、善良和真挚，并以此为基础确立自身的美。

⑤ 劳动教育：苏霍姆林斯基十分重视劳动在人的全面和谐发展中的作用。他认为劳动既是学生认识和理解客观世界的手段，也是他们自我认识和自我教育的途径，劳动教育和德育、智育、体育、美育是不可分割和相辅相成的，要使热爱劳动及早成为一个人最重要的品质之一。

苏霍姆林斯基主张培养全面和谐发展的人要求学校教育与家庭教育的和谐一致。

4. 论述杜威的教育无目的论及其对当代教育的启示。

（1）杜威的"教育无目的"内涵。

① 教育无目的论：杜威提出了"教育无目的说"，他认为教育的过程在它自身以外没有目的，它就是它自己的目的；教育的过程是一个不断改组、不断改造和不断转化的过程。

② 注重内在目的：所谓"教育无目的说"并不是说教育真的没有目的。杜威反对的是外在的、固定的、终极的教育目的。他认为，外在的教育目的不能顾及儿童的兴趣和需要，杜威所希求的是教育过程内的目的，这个目的就是"生长"。杜威主张以生长为教育的目的，其主要意图在于反对外在因素对儿童发展的压制，要求教育尊重儿童的愿望和要求，使儿童从教育本身、生长过程中得到乐趣。

③ 教育目的所具有的社会性：杜威虽然强调以儿童为中心，注重儿童的经验，强调教育过程内的目的。杜威注重尊重儿童，促进儿童内在的发展，将民主的精神传递给儿童，认为最终还是要建设一个民主主义的社会。所以杜威不是个体本位论者，也不是社会本位论者，而是力求在个体和社会之间寻求平衡。

（2）杜威"教育无目的"的特点。

① 关注教育目的的内在性。

杜威的教育目的反对传统教育对儿童的压抑，它以儿童的内在需求和兴趣为出发点，关注儿童的心理特点和身心发展，关心儿童的健康成长。杜威指出："从外面强加给活动过程的目的，是固定的、呆板的；这种目的不能在特定情景下激发智慧，不过是从外面发出的做这样那样事情的命令。"这种外在的教育目的，并非是教育本身的目的，和儿童的实际学习生活相脱离。只有由兴趣引发的学习动机，才能够调动儿童的主动性，逐渐培养儿童的求知愿望。

② 关注教育直接目的和间接目的的统一。

杜威提出，教育的目的是为了更好的教育。教育目的存在于教育过程之中，他从不否认教育与生长的社会性目的。教育的直接目的是促进儿童的成长；教育的间接目的是使得理想中的民主主义社会变成现实。儿童的需求和社会性的要求是相辅相成、相互统一的。

③ 关注个人和社会的统一。

历史上存在着两种截然相反的教育目的观。一种是个人本位论，主张教育目的从受教育者出发，应当以个人的进步为目的，教育的发展是为了促进个体的健康成长和全面发展。另一种是社会本位论，主张教育目的要根据社会的需求来确定，教育是为了服务社会，促进社会进步。杜威看到了两者的优点和缺点，他提倡个人本位和社会本位相结合的教育目的，不仅促进了个人的全面发展，也促进了社会的进步。

（3）对当代教育的启示。

① 在教学过程中提倡参与式学习的教学方式。

参与式教学是一种协作式教学法，它充分利用灵活多样的教学手段，鼓励学习者的信息交流，从而积极加入课堂教学活动。它不但能提高儿童的学习兴趣，也能改变课堂教学中的沉闷现象，从而使得儿童真正成为学习的中心，并在获得知识的同时体会到学习的乐趣。

② 对我国新课程改革的启示。

新课程改革是课程改革发展的又一新阶段，它提倡为学生营造轻松、和谐的课程文化。在学科课程的基础上，增加了活动课、选修课等，使得教材多样化。新课程改革要求教育活动的内容和形式要多种多样，与学生的现实生活是分不开的。只有符合学生心理特点的教学内容，才能为学生所接受。学生知识、经验的获得和能力的培养是在教学活动中实现的。因此，课前教师要精心准备和设计教学活动的形式，使得教学活动生动、有趣，与本节课的教学内容密切相关，并且能带给学生知识的升华和心灵的陶冶。

③ 对我国制定教育目的的启示。

杜威认为，良好的教育目的应具备以下三个特征：必须根据受教育者的特定个人的固有活动和需要；必须转化为与受教育者的活动进行合作的方法；必须警惕所谓一般的和终极的目的。因此，我们在制定教育目的时，要兼顾个人需要和社会需求，使二者逐渐趋于平衡，要使用多元化的评价方式，实现直接目的和间接目的的统一。

第九章

欧美主要国家和日本的现代教育制度

一、重要名词及选择题考点

1.《巴尔福教育法》

1902 年，为了公平分配教育补助金和加强对地方教育的管理，英国通过了《巴尔福教育法》。

第一，设立地方教育当局，以取代原来的地方教育委员会。其主要职责是保证初等教育的发展，享有设立公立中等学校的权力，并为中等学校和师范学校提供资金。

第二，地方教育当局有权对私立学校和教会学校提供资助和控制。

第三，地方教育当局负责支付教师的工资，也具有否决学校管理委员会选择的不合格校长和教师的权力。

《巴尔福教育法》促成了英国中央教育委员会和地方教育当局的结合，形成了以地方教育当局为主的英国教育行政体制。该法首次强调初等教育和中等教育的衔接，并把中等教育纳入地方教育部门管理，为建立统一的国家公共教育制度奠定了基础。

2.《哈多报告》

英国调查委员会在 1926—1933 年提出了三份关于青少年教育的报告，一般称为《哈多报告》，其中影响最大的是 1926 年的报告。

第一，小学教育应当重新称为初等教育。儿童在 11 岁以前所受到的教育称为初等教育。其中 5~8 岁的儿童入幼儿学校，8~11 岁的儿童入初级小学。

第二，儿童在 11 岁以后所受到的各种形式的教育均称为中等教育。中等教育阶段设立四种类型的学校：以学术性课程为主的文法学校、具有实科性质的选择性现代中学、相当于职业中学的非选择性现代中学、略高于初等教育水平的公立小学高级班或高级小学。

第三，为了使每个儿童进入最合适的学校，应当在 11 岁时进行选拔性考试。同时规定，义务教育的最高年龄为 15 岁。

3.《1944 年教育法》

1944 年，英国政府通过了以巴特勒为主席的教育委员会提出的教育改革方案，即《1944 年教育法》，又称《巴特勒法》《巴特勒教育法》。

第一，加强国家对教育的控制和领导。设立教育部，统一领导全国的教育。同时，设立中央教育咨询委员会，负责向教育部长提供咨询和建议。

第二，加强地方行政管理权限，设立由初等教育、中等教育和继续教育组成的公共教育系统。地方当局负责为本地区提供初等、中等和继续教育。

第三，实施 5~15 岁的义务教育。父母有保证子女接受义务教育和在册学生正常上学的职责。地方教育当局应向义务教育超龄者提供全日制教育和业余教育。

第四，提出了宗教教育、师范教育和高等教育改革等要求。

一方面加强了国家对教育的控制，另一方面也在一定程度上完善了地方教育管理体制，进一步确立和完善了中央与地方在教育行政管理体制上相互合作的"伙伴关系"。

4.《阿斯蒂埃法》

1919 年，阿斯蒂埃提出的关于职业技术教育的法案，被誉为法国"技术教育宪章"。

（1）国家管理：国家取代个人来开展职业教育。

（2）市镇设职业学校：全国每一市镇设立一所职业学校，所需的教育经费由国家和雇主各自承担一半。

（3）青年有接受教育的义务：18 岁以下的青年有义务接受职业技术教育，雇主必须保证他们接受职业技术教育的基本时间。

（4）职业技术的内容：补充初等教育的普通教育、作为职业基础的各门学科以及获得劳动技能的劳动学习。

5.《学校教育法》

《学校教育法》是日本战后《教育基本法》的具体化，主要内容有：

（1）废除中央集权制，实行地方分权。

（2）采用"六三三四"制单轨学制，将义务教育年限由 6 年延长到 9 年。男女儿童教育机会均等，一律实行男女同校制度。

（3）高级中学的办学目的和定位是实行普通教育和专门教育。

（4）将原来多种类型的高等教育机构统一为单一类型的大学。大学以学术为中心，注重高深学问的传授和研究，大力培养学生的研究和实践能力。

作为确保《教育基本法》具体实施的法律文本，《学校教育法》为"二战"后日本教育的系统化改革提供了有力的法律保障。

二、论述题

1. 简述美国《国防教育法》的主要内容。

2. 简述美国的初级教育运动。

3. 简述《1988 年教育改革法》。

4. 简述《国家处在危机之中：教育改革势在必行》报告。

5. 20 世纪二三十年代苏联相继颁布实施了《国家学术委员会教学大纲》和《关于小学和中学的决定》。试述评其中有关系统知识教学与生产劳动相结合的规定及其实施结果。

》》》 参考答案

1. 简述美国《国防教育法》的主要内容。

受进步教育运动的影响，美国的教育强调儿童中心，忽视了系统知识的传授，教育质量有所下降。1957 年苏联卫星上天后，美国朝野震惊，对教育进行改革的呼声日渐高涨。1958 年，美国颁布了《国防教育法》，旨在改变美国教育水平落后的状况，使其能够适应现代科学技术的发展。

《国防教育法》的主要内容包括：

（1）加强普通学校的自然科学、数学和现代外语，即所谓"新三艺"的教学。

（2）加强职业技术教育。

（3）强调"天才教育"。

（4）增拨大量教育经费，以便加强普通学校的"新三艺"教学。

（5）资助高等学校提高教学和科研水平，设立"国防奖学金"。

美国《国防教育法》的颁布和实施不仅对美国的教育产生了重要影响，甚至对美国的整个社会都具有重要影响。

2. 简述美国的初级教育运动。

为解决中等教育和大学的衔接问题，1892年，芝加哥大学校长哈伯率先提出了把大学的四个学年分为两个阶段的设想，他也因此被誉为"初级学院之父"。

（1）第一阶段的两年为"初级学院"，第二阶段的两年为"高级学院"。

（2）前一阶段的课程类似于中等教育，后一阶段的课程类似于专业教育或研究生教育。

（3）初级学院运动和美国的社区学院紧密联系。社区学院是两年制，入学条件简单，高中毕业即可；社区学院的课程与大学前两年课程基本相同；学生毕业后可以申请大学，也可以直接工作。

3. 简述《1988年教育改革法》。

《1988年教育改革法》是英国一部里程碑式的法案，对英国的教育进行了全方位的改革。其主要内容如下：

（1）规定实施全国统一课程：在5~16岁的义务教育阶段统一开设三类课程：核心课程（英语、数学、科学）、基础课程和附加课程。

（2）统一考试制度：在整个义务教育阶段，学生要参加四次全国性统一考试，分别在7岁、11岁、14岁、16岁时进行，以作为对学生进行评估的主要依据。

（3）改革学校管理体制：规定地方教育当局管理下的所有中学和学生数在300人以上的规模较大的小学，在多数家长要求下可以摆脱地方教育当局的控制，直接接受中央教育机构的指导。这一政策也称"摆脱选择"。

（4）建立新型的城市技术学校，以培养企业急需的精通技术的中等人才。

（5）废除高等教育双重制：包括多科技术学院和其他学院在内的高等院校将脱离地方教育当局的管辖，而成为"独立"机构，并获得与大学同等的法人地位。

（6）改革高等教育管理和经费预算：成立"多科技术学院基金委员会"，负责多科技术学院的发展规划和拨款事项。同时，以"大学基金委员会"取代"大学拨款委员会"，其任务是向国务大臣提供咨询，为各大学分配经费。

4. 简述《国家处在危机之中：教育改革势在必行》报告。

20世纪八九十年代，美国的教育质量下降，为此，美国于1983年提出了名为《国家处在危机之中：教育改革势在必行》的报告。

（1）主要内容。

① 加强中学五门"新基础课"的教学，即要求中学阶段必须开设英语、数学、自然科学、社会科学及计算机课程，并加强这些课程的教学。

② 提高小学、中学和大学的教育标准和要求，推行标准化测试。

③ 通过加强课堂管理等措施，有效利用学生的在校学习时间。

④ 改进教师的培养，提高教师的专业训练标准、地位和待遇。

⑤ 各级政府应加强对教育改革的领导和实施。各级政府、学生家长以及全体公民都要为实现教育改革的目标提供必要的财政资助。

（2）影响。

① 积极影响：恢复和确立了学术性学科在中等教育课程结构中的主体地位；进一步加强了课程结构的统一性，对所有学生提出了更为严格的共同要求；增强和激发了公众对国家教育的信心，使得公众对教育的关注和资助的热情被重新唤起。

② 消极影响：因过分强调标准化的考试测评成绩，导致在某种程度上忽视了学生个性的培养；因教学要求过于统一，导致缺乏灵活性；因强调提高教育标准和要求，使得潜在的辍学人数迅速增加。

5. 20世纪二三十年代苏联相继颁布实施了《国家学术委员会教学

大纲》和《关于小学和中学的决定》。试述评其中有关系统知识教学与生产劳动相结合的规定及其实施结果。

（1）《国家学术委员会教学大纲》。

① 主要内容：打破学科界限，以劳动为中心；实施"劳动教学法"，主张废除教科书，甚至提出"打倒教科书"的口号；推行"工作手册""活页课本""杂志课本"等；在教学组织形式上主张取消班级授课制，实行道尔顿制和设计教学法。

② 评价：《国家学术委员会教学大纲》力图打破学科界限，加强教学内容同生活的联系，其出发点是好的，但破坏了各学科之间的内在逻辑，导致教学质量下降，削弱了学校中系统的基础理论知识的学习和基本的读、写、算能力的训练。《国家学术委员会教学大纲》虽然并未普遍实行，但是对苏联学校的教学工作还是产生了较为深远的影响。

（2）《关于小学和中学的决定》。

① 主要内容：强调系统知识的传授和传统讲授式的教学方法；普通教育阶段一定要使学生具有足够的读、写、算的能力；学校依据严格规定的教学计划、教学大纲等进行各科教学；恢复班级授课制度。

② 评价：《关于小学和中学的决定》促进了学生对系统文化知识的学习与掌握，提高了学校教育教学质量。但又过分强调知识教育，忽视劳动意识、劳动习惯的形成和劳动技能的训练，学校工作走上了另一个极端。

20世纪二三十年代苏联的教育存在过分强调知识教育或过度强调劳动意识、劳动习惯的形成和劳动技能的训练的极端，这也导致了苏联教育质量的起伏以及教育政策的变化。在今后教育政策的制定过程中，我们必须吸取苏联教育发展的经验和教训，寻求系统知识教学和劳动教育之间平衡的最佳水平点，将二者共同落实于个体的有机发展之中。

第十章
现代欧美教育思想

一、重要名词及选择题考点

1. 要素主义教育

要素主义教育形成的标志是 1938 年"要素主义者促进美国教育委员会"的成立，之后在 20 世纪 50 年代中期、60 年代初达到发展的顶峰。要素主义教育思潮的发起者、主要代表人物是巴格莱、科南特和里科弗。要素主义教育思潮有以下主要观点：

（1）把人类文化的"共同要素"传给下一代，中小学要强调基础知识的教学，按逻辑系统编写教材进行教学；

（2）教学过程必须是一个训练智慧的过程；

（3）强调教师在教育和教学中的核心地位；

（4）强调学生在学习上必须努力和专心；

（5）重视学业考核和天才教育。

要素主义教育学者提出的一些建设性意见被美国政府部分采纳，但它忽视了学生的兴趣和身心发展特点以及能力水平，过于强调系统的、学术性的基本知识学习，采用的教材脱离了学校教育实际。

2. 道尔顿制

道尔顿制由美国教育家帕克赫斯特提出。帕克赫斯特批判传统的班级授课制使学生处于被动地位，主张建立基于自由、合作两大原则的个性教学制度。

（1）主张废除传统的课堂教学、课程表和年级制，以"公约"或合同式的学习来代替。

（2）将教室改造成各学科的作业室或实验室，按学科的性质陈列相应的参考用书和实验仪器，供学生使用。

（3）各作业室配有该科教师一人，负责对学生进行指导。

（4）采用"表格法"来掌握学生的学习进度情况，既可增强学生学习的动力，也可使学生管理工作进一步简化。

道尔顿制关注了儿童中心，注重发挥儿童的主动性，但局限在于其过于强调个体差别，对教师的教学能力与素质要求过高，以及在实施过程中容易导致学生放任自流等，将教室完全改为实验室的做法也不太符合实际。

3. 改造主义教育

改造主义教育是在 20 世纪 30 年代从实用主义教育和"进步教育"中逐渐分化出来的，到 20 世纪 50 年代形成的一种独立的教育思想，也被认为是实用主义教育的一个重要的分支。其代表人物有康茨、拉格和布拉梅尔德等。其基本观点如下：

（1）教育应该以"改造社会"为目标：教育的目的就是要改造社会，旨在通过教育为社会成员建设理想社会。（2）教育要重视培养"社会一致"的社会精神："社会一致"即消除彼此之间的分歧，培养人们的群体意识和集体心理。（3）教育工作应当以行为科学为依据：教育要重新考察它的整个传统结构，并考虑编排教材的新方法、组织教学过程与学习过程的新途径、确定学校和社会的目的的新方法。（4）教学上应该以社会问题为中心：通过对社会问题的分析，培养学生关心社会的积极态度和解决社会问题的能力。（5）教师应进行民主的、劝说的教育：反对灌输式的教学方式，教师应该通过民主的讨论和劝说的教育来教育学生。

二、论述题

论述新传统主义教育思潮的主要观点。

》》》 **参考答案**

论述新传统主义教育思潮的主要观点。

新传统教育思潮是 20 世纪 30 年代出现于欧美国家，与现代教育相对的教育思潮，以复苏赫尔巴特的教育思想和批评杜威的实用主义教育思想为特征。

（1）新传统教育思潮的主要观点。

新传统教育思潮代表人物有巴格莱、里科弗、科南特、赫钦斯、马里坦。代表学派有要素主义教育、永恒主义教育、新托马斯主义教育。

要素主义教育思潮主张把人类文化的"共同要素"传给下一代、教学过程必须是一个训练智慧的过程、强调教师在教育和教学中的核心地位、强调学生在学习上必须努力和专心、重视学业考核和天才教育。必须划定标准，对学生予以考核。

永恒主义教育主张教育的性质永恒不变，教育的目的是要引出人类天性中共同的要素—理性，永恒的古典学科应在学校课程中占有中心地位，学生通过教师的教学进行学习。

新托马斯主义教育是以托马斯主义为理论基础，大力主张宗教教育的一种教育理论。

可见新传统主义教育思潮重视学科知识的系统性和内在联系、强调教育的整体性和个性化、注重传统文化的传承、重视教育与社会的联系、强调教育活动中教师的作用。

（2）新传统主义教育思潮对教育的影响主要体现在以下几个方面：

① 把教育的重点从知识传授转向了个性发展。这种转变在很大程度上启发了后来人文主义教育的理论基础。

② 把教育放在了更广泛的社会背景下进行研究，这对于强化教育与社会之间的联系，推进教育社会化具有重要意义。

③ 建立了教师的权威性。新传统主义教育思潮加强了教师在教育活动中的地位，使教师成为占主导地位的教育者，从而增强了教育的效果。

④ 重视传统文化的传承。新传统主义教育思潮的出现和传播对于弘扬传统文化，恢复传统文化对教育价值的探讨都起到了积极的促进作用。

总的来说，新传统主义教育思潮通过回归传统，使得教育更加贴近现实生活和社会问题，对于适应当时的教育需求起到了积极的作用。

<<<<<<

教育心理学

第一章

心理发展与教育

一、重要名词及选择题考点

1. 最近发展区

最近发展区是由苏联心理学家维果茨基提出的。所谓的"最近发展区"是指儿童现有的发展水平和在成人或他者指导下所能达到的发展水平之间的差距。

（1）教学创造着最近发展区，第一个发展水平与第二个发展水平之间的动力状态是由教学决定的。

（2）根据上述思想，维果茨基提出"教学应当走在发展的前面"，对于如何发挥教学的最大作用，维果茨基强调"学习的最佳期限"。

（3）如果脱离了学习某一技能的最佳年龄，从发展的观点来看都是不利的，它会造成儿童智力发展的障碍。因此，开始某一种教学，必须以成熟与发育为前提，但更重要的是教学必须首先建立在正在开始形成的心理机能的基础上，走在心理机能形成的前面。

2. 支架式教学

支架式教学思想来源于维果茨基的"最近发展区"理论。它是指为学习者建构对知识的理解提供一种概念框架，通过这种"脚手架"的支撑作用，不停顿地把学生的智力从一个水平提升到另一个新的更高水平，真正做到使教学走在发展的前面。

其基本环节包括：搭"脚手架"—进入情境—独立探索—合作学习—效果评价。

3. 场独立型和场依存型

场独立型：个体较多依赖自己内部的参照，不易受外来因素的影响和干扰，习惯独立对事物做出判断，更擅长自然科学。

场依存型：个体较多地受到周围环境信息的影响，对人文社会学科更感兴趣。

4. 生态系统理论

生态系统理论是布朗芬布伦纳提出的个体发展模型，强调的是个体和环境之间的相互作用。该系统主要分为四个层次，由小到大分别是微观系统、中间系统、外层系统和宏观系统。微观系统：指个体活动和交往的直接环境。比如对大多数婴儿来说，微观系统仅限于家庭。中间系统：指各微观系统之间的联系。外层系统：指儿童并未直接参与却对他们的发展产生影响的系统。宏观系统：指存在于以上三个系统中的文化、亚文化和社会环境。时间纬度：布朗芬布伦纳的模型还包括了时间纬度，强调要将时间和环境结合起来考察儿童发展的动态过程。

5. 皮亚杰的认知发展阶段理论

感知运动阶段 （0~2岁）	（1）儿童通过手的抓取和嘴的吮吸探索世界。（2）儿童获得客体永恒性。
前运算阶段 （2~7岁）	（1）泛灵论。（2）自我中心。（3）集体的独白。（4）思维的不可逆性和刻板性。（5）尚未获得物体守恒的概念。（6）思维集中化。（7）不能理顺整体和部分的关系。
具体运算阶段 （7~11岁）	（1）儿童能够进行合格的运算，思维获得了守恒概念，具有可逆性，能借助具体事物或其表象进行逻辑思维。（2）以社会为中心，日益意识到别人的看法。（3）儿童的思维仍需要具体事物的支持，还只能把逻辑运算应用到具体的或观察到的事物上。他们形成概念、发现问题和解决问题都需要与熟悉的物体或场景联系。（4）儿童已经能理解原则和规则，但在实际生活中只能刻板地遵守规则，不敢改变。
形式运算阶段 （11岁至成人）	（1）儿童推理能力得到提高，能从多种维度和抽象的性质进行思维。（2）思维以命题的形式进行，并能发现命题之间的关系。（3）思维发展到抽象逻辑推理水平，能进行假设性思维，采用逻辑推理、归纳或演绎的方式来解决问题。能理解符号的意义、隐喻和直喻，能做一定的概括。（4）思维发展水平接近成人。

6. 科尔伯格的道德认知发展阶段理论

水平	阶段	特点
前习俗水平（0~9 岁）（具有关于是非善恶的观念，但观念是纯外在的，是从行动结果及自身的利益关系来判断的）	阶段一：服从和惩罚的定向阶段	儿童只根据后果来判断行为的好坏，为了免遭惩罚而听从权威人物的命令，尚未具有真正意义上的准则概念
	阶段二：工具性相对主义的定向阶段	以个人的最大利益为出发点来考虑是否遵守规则，通常是为了获得奖赏或满足自己的需要而尊重规则
习俗水平（9~15 岁）（个体着眼于社会及其希望考虑问题，遵从道德准则和社会习俗，维护传统的社会秩序）	阶段三：人际协调的定向阶段，又称"好孩子"定向阶段	儿童在进行道德评价时总是考虑到他人和社会对一个"好孩子"的期望和要求，并以此为标准开展思维和行动
	阶段四：维护权威或秩序的定向阶段	儿童更加广泛地注意到维护普遍的社会秩序的重要性，履行个人责任，尊重权威，强调对法律和权威的服从
后习俗水平（15 岁以后）（超越现实道德规范的约束，本着自己的良心做出道德判断，达到完全自律的境界）	阶段五：社会契约的定向阶段	个体认识到规则是人为的、民主的、契约性的东西，当社会习俗或法律不符合公众利益时就应该修改
	阶段六：普遍道德原则的定向阶段	个体已经意识到社会规则和法律的局限性，开始基于自己的良心或人类的普遍价值标准判断道德行为

7. 艾里克森的人格发展理论

人格发展阶段	内容	这个阶段达到的目标
信任对怀疑（0~1.5 岁）	如果婴儿得到了较好的抚养并与父母建立了良好的亲子关系，婴儿将对周围世界产生信任感，否则将产生怀疑和不安。这一阶段相当于皮亚杰所说的感知运动阶段的早期，婴儿刚刚开始意识到他们与周围世界是独立的。	希望

人格发展阶段	内容	这个阶段达到的目标
自主对羞怯 （1.5~3 岁）	这一阶段的儿童开始表现出自我控制的需要与倾向，他们能凭自己的力量做越来越多的事情，渴望自主，也开始认识到自我照料（如吃饭、穿衣服）的责任感。	意志
主动感对内疚感 （3~6 岁）	这一阶段儿童的活动范围逐渐超出家庭的圈子，他们想象自己正在扮演成年人的角色，并因能从事成年人的活动和胜任这些活动而体验一种愉快的情绪。	价值
勤奋感对自卑感 （6~12 岁）	本阶段的儿童开始进入学校学习，面临来自家庭、学校以及同伴的各种要求和挑战，他们力求保持一种平衡，以至于形成一种压力。	能力
角色同一性对角色混乱 （12~18 岁）	这一阶段大体相当于少年期和青春初期。个体此时开始体会到自我概念问题的困扰，即开始考虑"我是谁"这一问题，体验着同一性与角色混乱的冲突。	忠诚
亲密对孤独 （18~30 岁）	这一时期相当于青年晚期，个体如能在人际交往中建立正常的人与人之间的友好关系便可以形成一种亲密感，如果害怕被他人占有或不愿与人分享便会陷入孤独中。	爱
繁殖对停滞 （30~60 岁）	这里指的是广义上的繁殖，不仅包括人的繁衍后代，而且包括人的生产能力和创造能力等基本能力或特征。	关心和创造力
完美无憾对悲观绝望 （60 岁以后）	这一阶段个体的发展受前几个阶段发展的影响极大。如果个体在前几个阶段发展顺利，则能在这一时期巩固自己的自我感觉并完全接受自我，意味着个体获得了自我完满感；相反，没有获得完满感的个体将陷入绝望，因而害怕死亡。	智慧

二、材料分析题

阅读下列材料，并按要求回答问题。

党的二十大明确要求，实施科教兴国战略，强化现代化建设人才支撑，健全学校家庭社会育人机制，为家庭教育事业指明了发展方向。《中华人民共和国家庭教育促进法》（2022年1月1日起正式实施）第十七条规定：未成年人的父母或者其他监护人实施家庭教育，应当关注未成年人的生理、心理、智力发展状况，尊重其参与相关家庭事务和发表意见的权利，合理运用以下方式方法：（一）亲自养育，加强亲子陪伴；（二）共同参与，发挥父母双方的作用；（三）相机而教，寓教于日常生活之中；（四）潜移默化，言传与身教相结合；（五）严慈相济，关心爱护与严格要求并重；（六）尊重差异，根据年龄和个性特点进行科学引导；（七）平等交流，予以尊重、理解和鼓励；（八）相互促进，父母与子女共同成长；（九）其他有益于未成年人全面发展、健康成长的方式方法。

请回答：

（1）根据教育心理学相关理论，谈一谈如何运用上述家庭教育方式方法对儿童进行品德教育。

（2）《中华人民共和国家庭教育促进法》强调"尊重差异，根据年龄和个性特点进行科学引导"。根据艾里克森的心理社会发展理论，如何对小学生开展家庭教育？

》》》 **参考答案**

（1）理论一：艾里克森的心理社会发展理论

文件中的"（六）尊重差异，根据年龄和个性特点进行科学引导"是该理论的具体表现。心理社会发展理论要求家长根据学生身心发展的特点，匹配心理发展阶段，通过差异化的家庭教育方式促进儿童品德的发展。

理论二：班杜拉的社会（观察）学习理论

文件中的"（一）亲自养育，加强亲子陪伴""（三）相机而教，寓教于日常生活之中""（四）潜移默化，言传与身教相结合"是该理论的具体表现。社会（观察）学习理论强调发挥父母在儿童品德教育方面的榜样示范作用，通过直接强化、替代性强化以及自我强化的方式帮助儿童进行观察学习，促进品德的养成。

理论三：罗杰斯的人本理论和马斯洛的需要层次理论

文件中的"（五）严慈相济，关心爱护与严格要求并重""（七）平等交流，予以尊重、理解和鼓励"是该理论的具体表现。人本理论与需要层次理论强调人际关系在教学过程中的重要性，突出情感在家庭教育中的地位和作用，要求家长在满足儿童归属与爱的需要以及尊重的需要的基础上积极地关心儿童、尊重儿童、爱护儿童，促进儿童思想道德水平的提高。

理论四：布朗芬布伦纳的生态系统理论

文件中的"（一）亲自养育，加强亲子陪伴""（二）共同参与，发挥父母双方的作用""（九）其他有益于未成年人全面发展、健康成长的方式方法"是该理论的具体表现。生态系统理论要求家长营造各种有利于儿童道德发展的家庭系统环境，在潜移默化的影响中培育儿童良好的道德品质。

（2）美国著名发展心理学家艾里克森提出了心理社会发展理论，将正常人的一生划分为八个阶段，小学生处于艾里克森心理社会发展理论勤奋感对自卑感（6~12岁）的阶段。

这一阶段的小学生开始进入学校学习，面临来自家庭、学校以及同伴的各种要求和挑战，产生勤奋感。随着社交范围的扩大，小学生在不同社交范围活动的经验、完成任务以及从事集体活动的成功经验，增强了小学生的胜任感，其中的困难和挫折则会导致小学生产生自卑感。为了帮助小学生顺利解决勤奋感对自卑感的矛盾，家长应该：

① 通过各种合理渠道了解小学生的在校动态，关注小学生在校期间的学习发展、同伴交往以及社会实践等情况，通过沟通交流的方式引导小学生建立起正确的勤奋观。

② 在家庭教育中家长要给小学生创造更多独立完成任务的机会，使小学生获得尝试新事物的信心、发展自我的满足感，引导小学生在完成任务的过程中获得信心，建立勤奋感。

③ 给予小学生充分的尊重，不单纯以成绩评价小学生，帮助他们加强勤奋感，克服自卑感。

④ 注意进行家庭教育的时机与方式。在小学生顺利完成任务时，家长应及时与其分享喜悦、提出表扬，帮助其增强胜任感；在小学生遭遇困难与挫折时，家长不要辱骂、责罚，应及时鼓励，帮助小学生寻找原因、解决问题，克服自卑感与挫折感。

第二章
学习及其理论

一、重要名词及选择题考点

1. 探究性学习

探究性学习是认知建构主义学习理论的一种应用。它是指学习者通过发现问题和解决问题而建构知识的过程。

（1）探究性学习是一种学生学习方式的根本改变，学生由过去主要听从教师讲授，从学科的概念、规律开始学习的方式变为通过各种事实来发现概念和规律的方式。

（2）探究式学习作为一种学习方式，它不同于科学家的探究活动，探究性学习必须满足学生在短时期内学到学科的基本知识和学科的结构，所以这个过程在许多情况下都要被简化。

（3）探究性学习具有如下特点：主动性、实践性、过程性、开放性。

2. 先行组织者

先行组织者是美国教育心理学家奥苏伯尔提出的，它是先于学习任务本身呈现的一种引导性材料，要比原学习任务本身有更高的抽象、概括和包容水平，并且能清晰地与认知结构中原有的观念和新的学习任务关联。

由于原有观念和新观念（即当前学习内容）之间可以有"类属关系""总括关系"和"并列组合关系"三种不同的关系，所以先行组织者也可以分成三类：上位组织者、下位组织者、并列组织者。

3. 观察学习

观察学习是指人们通过观察榜样的行为及其结果学会某种复杂行为，又称替代学习、无尝试学习。班杜拉认为，人的一切社会行为都是在社会环境影响下，通过对他人示范行为及其结果的观察学习而得以形成的。（1）观察学习的过程包括注意、保持、动作再现、动机。（2）观察学习理论较多地应用于品德与规范的学习，在实施过程中应该注意：选择适当的榜样行为并反复示范榜样行为；给学生提供再现行为的机会，并促使学生不断进行自我调整；及时表扬良好行为，还要促进自我强化。此外，要重视榜样的作用，消除社会环境中的不良榜样行为。

4. 有意义学习

有意义学习是奥苏伯尔所提出的理论。

（1）他根据学习材料与学习者认知结构中已有知识的关系，将学习分为机械学习和有意义学习。

（2）奥苏伯尔认为，有意义学习指符号所代表的新知识与学习者认知结构中已有的适当概念建立非人为的、实质性联系的过程。

（3）有意义学习的条件如下：学习材料本身具有逻辑意义；学生的认知结构中具备与新知识相联系的知识准备；学生具有意义学习的心向。

5. 学习

学习是指由反复经验而导致有机体行为或行为潜能的相对持久的变化过程。学习是一种经验的获得过程，在此过程中通过相应行为或态度的变化来体现。

6. 上位学习

上位学习，也称总括学习，是指在认知结构中原有的几个观念的基础上学习一个包容性程度更高的命题，即原有的观念是从属观念，而新学习的观念是总括性观念。

（1）在这些原有观念的基础上学习一个概括和包容程度较高的概念或命题时，便产生上位学习。

（2）例如，儿童在知道"苹果""梨""香蕉""橘子"等概念之后，再学习"水果"这个概念时，新学习的概念总括了原有的概念，就更具有意义。

7. 发现学习

发现学习是布鲁纳提出来的学习方式。在布鲁纳看来，学生不是被动、消极的知识接受者，而是主动、积极的知识探究者。基于此，发现学习的过程可概括为：创设问题情境—激发探究欲望—提供各种假设—检验假设—验证结论。

发现学习的基本原则：（1）教师向学生解释清楚学习情境和教材性质；（2）教师结合学生实际情况组织教材；（3）教师根据学生身心发展水平安排教材的逻辑顺序；（4）教师确保材料的难度适中，以维持学生的内部学习动机。发现学习有利于激发学生的好奇心和求知欲，但是由于比较耗费时间，学习成效难以保障。

8. 认知内驱力

奥苏伯尔将学习动机划分为认知内驱力、自我提高内驱力和附属内驱力。

（1）认知内驱力：这是一种要求了解和理解事物的需要，出自对知识本身的需要；它指向学习任务本身，是一种重要且稳定的动机。

（2）自我提高内驱力：这是个体要求自己胜任工作的才能和由于工作成就而赢得相应地位的愿望。它把成就看作赢得地位与自尊心的根源，是一种外部的动机。

（3）附属内驱力：这是学生为了保持家长和教师等长辈的赞许或认可而努力学习的一种需要，是一种外部的动机。

9. 强化

强化指通过某一事物增强某种行为的过程，强化不等于奖励。

（1）正强化：呈现愉快刺激，加强反应发生频率。比如小明考试考得好后，父母奖励他，给他买了一双鞋。小明受到正强化，将来还会努力考好。

（2）负强化：消除厌恶刺激，加强反应发生频率。比如小明考试考得好后，父母不再让他参加他讨厌的补习班。小明受到负强化，将来还会努力考好。

10. 认知负荷理论

认知负荷是影响复杂学习的重要因素，它分为内在认知负荷、外在认知负荷、关联认知负荷三类。

内在认知负荷是指由学习材料的难度水平带来的负荷。学习材料的难度可分绝对难度和相对难度两个方面。

学习材料的呈现方式及其所要求的学习活动，也会带来认知负荷。外在认知负荷是由与学习过程无关的活动引起的，不是学习者建构图式所必需的，因而又称无效认知负荷。比如教师的教学设计。

如果认知任务要求较低（带来的内在认知负荷较低），使得学习者还有充分的认知资源可用，这时他就可以投入额外一些认知资源来促进图式的建构。这种在建构图式时不是必须但投入后又有利于图式建构的认知负荷，就是关联认知负荷。比如学生学习完成后，喜欢再做一遍思维导图的手写笔记。

11. 常见的学习理论

学习理论	主要内容
强化理论（联结理论）	强化理论认为，人的学习本质是刺激—反应的联结，强化在其中起到重要作用
观察学习理论	观察学习理论强调榜样的重要性，强调替代强化、直接强化和自我强化的重要性
发现学习说	布鲁纳认为学习的本质是学习者主动发现认知结构的过程
有意义接受学习说	奥苏伯尔认为学习是一种有意义的接受学习，有意义学习指的是新旧知识之间建立起实质性、非人为的联系
建构主义理论	建构主义理论认为知识是一种解释和假设，是由个体主动建构起来的
人本主义理论	人本主义理论认为学习应促进学生知情方面的统一

12. 加涅

（1）学习水平的分类：① 信号学习；② 刺激－反应学习；③ 连锁学习；④ 言语联想学习；⑤ 辨别学习；⑥ 概念学习；⑦ 规则（或原理、法则）学习；⑧ 解决问题学习。

（2）学习结果的分类：① 言语信息的学习；② 智慧技能的学习；③ 认知策略的学习；④ 态度的学习；⑤ 动作技能的学习。

（3）信息加工理论

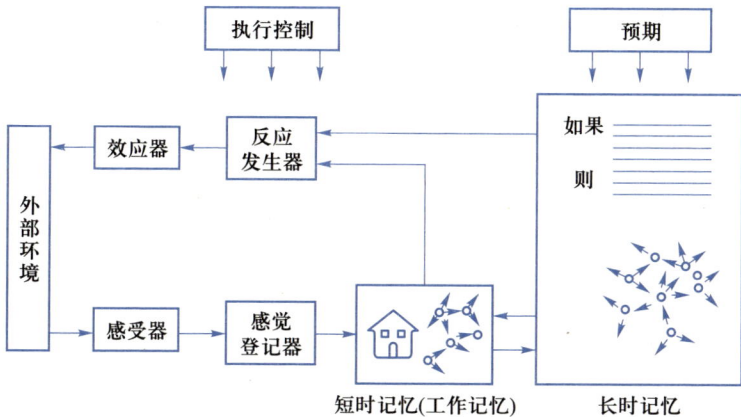

学习的信息加工模式图

二、材料分析题

阅读下列材料，并按要求回答问题。

情境性的作业有助于激发学生的好奇心和兴趣，为有效学习创造有利的心理条件。纯粹指向知识与技能的作业属于机械学习，学生通常提不起兴趣。传统作业多指向零散、割裂、碎片化的知识，所引发的认知活动通常只停留在记忆水平，没有激活高阶思维与深度学习。而作业一旦嵌入真实情境中，因为情境是鲜活、动态和复杂的，完成作业通常需要激活目标以外的知识，也就使知识整合与综合学习成为可能。例如，数学作业要求学生解决食品营养成分表中的百分数问题，就可以引导学生整合生物的营养学知识，而不是孤立地学习百分数。有真实情境与无情境嵌套的作业，唤起的学生活动和能培养的核心素养存在很大不同。依托真实情境的作业通常将解决问题的条件隐含在实践中，需要学生在分析问题性质的基础上识别工具与条件，激活已学，必要时还须整合更多知识——包括跨学科的知识乃至教材中没有学习的知识，探寻解决问题的办法，从而提高问题解决能力。相反，脱离情境的作业，牵涉的主要是孤立的知识和机械的技能。当学生走进真实世界，未必就能将知识迁移到现实生活，解决真实情境中的问题。

请回答：

（1）阅读上述材料，概括情境性作业和传统作业相比的三个优点。

（2）2022年新颁布的《义务教育课程方案》中，跨学科学习受到前所未有的重视，要求各门课程用于跨学科主题学习的课时不少于总课时量的10%。基于跨学科学习理念设计综合性作业是加强综合课程建设的重要手段，可以促进学生的深度学习。结合相关的学习理论，分析此种做法的合理性。

〉〉〉 参考答案

（1）首先，情境性作业可以提高作业的趣味性，激发学生的学习兴趣。

其次，情境创设可以提高作业的综合性，促进综合性学习。

最后，情境创设可以增加作业的实践性，有利于提高学生的问题解决能力。

（2）从行为主义理论看，学习是在刺激与反应之间建立联结的过程。跨学科学习可以将不同学科的知识整合，提供丰富多样的刺激源，让学生建立对知识点之间关系的联结。情境性作业通过模拟真实情境，也可以增加学习刺激的多样性。这有助于加强刺激与反应之间的联结，使学习更有效。

从认知主义理论看，学习是学生内部建构意义的过程。跨学科学习强调各学科之间的内在联系，可以帮助学生形成系统化的知识网络，整合信息，促进意义建构。情境性作业要求学生运用所学知识解决实际问题，可以促进知识的动态关联和深度加工。

从建构主义理论看，学习是学生主动构建意义的过程。跨学科学习需要学生整合各领域知识，主动建构新认知模式。情境性作业需要学生主动分析情境、发现问题、探究解决方案，可以促进学生主动学习。这与建构主义强调学习者主体地位的理念一致。

从人本主义理论看，教学应关注学生的需求和发展。跨学科学习能满足学生对完整世界观的需求，情境性作业贴近生活，可促进学生的全面发展。跨学科学习和情境性作业都重视学生的主体地位，体现了以学生为中心的理念。

第三章

学习动机

一 重要名词及选择题考点

1. 学习动机

学习动机是指由个体发动的激励、维持学生的学习行为并指向某一学习目标的动力倾向。

（1）学习动机常见的分类有内部动机、外部动机、认知内驱力、自我提高内驱力、附属内驱力等。

（2）学习动机对个体的学习具有引发、定向、维持和调节的作用。

2. 自我效能感

自我效能感是班杜拉提出的，是指人们对自己是否能成功地进行某一行为的主观判断。

影响自我效能感的因素有直接经验、替代经验、言语说服、情绪唤起。

3. 自我价值理论

自我价值理论关注人们如何评价自身价值，以科温顿为代表。

（1）高趋低避型：这类学生拥有无穷的好奇心，对学习有极高的自我卷入水平。他们自信、机智，追求成功，不怕失败，又被称为"成功定向者"或"掌握定向者"。

（2）低趋高避型：这类学生重逃避失败，轻期望成功，不爱学习，害怕失败，被称为"逃避失败者"。

（3）高趋高避型：这类学生既受到成功的诱惑又有对失败的恐惧，容易焦虑，隐晦努力，被称为"过度努力者"。

（4）低趋低避型：这类学生被称为"失败接受者"，不期待成功，对失败也不感到恐惧或羞愧。

4. 常见的学习动机理论

学习动机理论	主要内容
归因理论	归因理论认为教育应引导学生对成败进行正确的归因，避免学生将失败归因于内部的、稳定、不可控的因素即能力上，因为这容易导致学生产生习得性无助。
目标定向理论	目标定向理论认为，任务卷入的学习者比个体卷入的学习者有更高的认知水平。
自我价值理论	自我价值理论把人的学习动机划分为高趋低避、高趋高避、低趋高避和低趋低避四种类型。
需要层次理论	马斯洛的需要层次理论认为人的需要包括缺失性需要和成长性需要两类。其中缺失性需要包括生理、安全、归属和爱、尊重的需要；成长性需要包括求知和理解的需要、审美的需要、自我实现的需要。
自我效能感理论	自我效能感指的是个体对自己能否做成某一件事的期待，可以通过直接经验、间接经验、言语说服和情绪唤起等方式提升学生学习的自我效能感。
强化理论	强化时过度关注学生的外部动机强化，有可能导致内部动机的削弱。
人本主义理论	人本主义理论强调学习时要注重人的自由学习。
自我决定理论	自我决定理论认为人有三种需要：胜任需要、归属需要和自我需要。有三种动机：内部动机、外部动机和无动机。

5. 归因理论

维纳归因理论的六因素三维度分析

归因种类	归因维度					
	控制点		稳定性		可控性	
	内部	外部	稳定	不稳定	可控	不可控
能力高低	√		√			√
努力程度	√			√	√	

| 归因种类 | 归因维度 | | | | | |
| | 控制点 | | 稳定性 | | 可控性 | |
	内部	外部	稳定	不稳定	可控	不可控
任务难易		√	√			√
运气好坏		√		√		√
身心状况	√			√		√
其他		√		√		√

二、材料分析题

1. 阅读下列材料，并按要求回答问题。

大量证据表明，反馈是影响学生学业表现的最为重要因素之一。然而研究也发现，教师提供的反馈往往没有被学生很好地接收，也很少被学生用于改进自己的学习。教师的书面反馈常常伴有等级或分数，而呈现等级、分数会影响学生对反馈的充分理解。教师的口头反馈大多面向学生群体，而学生往往不认为这种反馈与自己有关。研究还显示，与学生相比，教师把自己的反馈看得更有价值；而学生们则经常抱怨老师的反馈令人困惑、不够合理。有时，学生并没有理解教师的反馈却自认为已经理解了；即使理解了，他们也不知道如何将反馈意见运用到学习中。尽管教师非常重视反馈的作用，但是在如下方面还需要做更多的工作：探索与学生个体特征相关的有效反馈策略；根据认知、元认知和动机变量来主动地为学生提供反馈；澄清反馈的性质、频率和时间安排。

请回答：

（1）根据上述材料，概括教师反馈效果不理想的五方面原因。

（2）2021 年 7 月，中共中央办公厅、国务院办公厅印发的《关于进一步减轻义务教育阶段学生作业负担和校外培训负担的意见》要求："教师要认真批改作业，及时做好反馈，加强面批讲解，认真分析学情，做好答疑辅导。"结合上述材料，运用相关的学习理论、动机理论，谈谈这一要求的现实必要性。

>>> **参考答案**

（1）根据材料，教师反馈效果不理想的五方面原因如下：

① 教师的反馈面向群体而不是个体，教师口头的反馈更多的是针对班级群体学生。

② 教师的反馈多是利用等级和分数，等级和分数影响学生对反馈的充分理解，不利于激发学生学习的内部动机。

③ 教师反馈的时间、频率没有到位。

④ 教师的反馈没有帮助学生迁移应用，学生没能理解反馈内容却自认为理解了；即使理解了，也不知道如何运用到自己的学习中。

⑤ 教师的反馈不够具体化，学生听到反馈后抱怨老师的反馈令人困惑、不够合理。

（2）① 学习理论

从学习的联结理论出发，教师对作业的批改、反馈与讲解符合斯金纳的强化理论以及程序教学的原则，通过有效的反馈来对学生的学习进行强化，利用正强化塑造学生良好的行为，利用消退对不良行为进行矫正。

从学习的认知理论出发，布鲁纳认为强化原则是掌握学科基本结构的重要保障，教师对学生作业的批改与反馈有利于对学生的学习进行强化。奥苏伯尔强调有意义学习，教师对学生作业的及时反馈、面批讲解、学情分析以及答疑辅导能够帮助学生将新知识与认知结构中已有的适当概念建立起积极的联系，促进学生的有意义学习。

从学习的建构主义理论出发，教师对学生作业的反馈能够帮助学生从已有的经验中生长出新的知识，符合学生学习主动建构性的要求。

从学习的人本主义理论出发，教师及时做好反馈与答疑辅导有利于贯彻非指导性教学观，使教师真正成为学生学习的促进者。

② 学习动机理论

从学习动机的强化理论出发，教师对作业的批改、反馈与讲解能够使学生的学习受到强化，从而使学生产生较强的学习动机。

从学习动机的人本主义理论出发，教师认真批改作业，及时做好反馈能够满足学生归属与爱的需要以及尊重的需要，让学生感受到教师对他们的尊重和爱护，鼓励其不断追寻更高层次的需要从而提高学生学习的内在动机。

从学习动机的认知理论出发，教师对学生作业的及时反馈、面批讲解、学情分析以及答疑辅导能够帮助学生更好地进行成败归因，找准"病因"，有的放矢地进行修正，促进学生的进步。教师也能通过反馈向学生传递学习的标准，帮助学生进行自我强化，提高学生学习的自我效能感，从而提高学生学习的自主性与能动性。

2. 阅读下列材料，并按要求回答问题。

在学校中无时无刻不发生的事情就是评价学生。不管是测验带来的结果还是教师的日常评价，都在无形中影响着学生。评定的结果作为诱因可以激励学生努力学习。高分、奖品都是对出色工作的奖励。但是，评定不一定就能提高学生的努力程度。学生有时对教师的评定存在不甚清楚的了解，如，在他们心中，不知道如何做才能获得好的评价。对于一些测验评估而言，部分学生感觉是不具挑战性的。致力于直接的鉴定学生的评价，在促进学生发展上面也收效甚微。在对评估的解释上，有些学生认为，当其他学生不做作业而自己做了一些时，就能证明自己是很努力的。对此，教师应明白，成功的教学除了包括合理可行的教学目标、对起点行为的准确把握、适当的教学活动，还必须包括有效的评定方法。

请回答：

（1）阅读上述材料，概括学校中现行的教育评价存在的 4 个主要问题。

（2）2022 年 3 月，教育部出台了我国义务教育的纲领性文件《义务教育课程方案（2022 年版）》，方案中指出要全面落实新时代教育评价改革要求，改进结果评价，强化过程评价，探索增值评价，健全综合评价，着力推进评价观念、方式方法改革，提升考试评价质量。结合所学，用相关的学习动机理论分析进行评价改革的必要性。

》》》 **参考答案**

（1）根据材料，现行的教育评价存在的问题主要有：

第一，学生对教师评价标准存在模糊认知，不知道如何才能获得好的评价。

第二，部分测验评估对学生缺乏挑战性。

第三，仅注重结果评价，对学生发展帮助不大。

第四，学生对评价理解存在误区，仅通过和其他学生的对比来判断自己的表现。

（2）从需要层次理论看，学生有不同层次的需求，评价体系应当兼顾高层次的自我实现需求和低层次的安全需求，在满足基本学习要求的同时，还要关注学生个性发展和内在价值实现。

从目标定向理论看，明确的评价目标有助于学生建立学习方向，而结果导向的评价容易使部分表现型目标的学生迷失方向，只追求分数，应增加过程评价引导学生重视学习过程。

从归因理论看，当学生把失败归因于不可控因素时会产生无助感，评价应多关注学生的进步和努力，帮助其建立内部归因，从而增强学习动力。

因此，全面落实新时代教育评价改革要求，从评价过程、评价方法、评价结果综合改进是十分必要的。

3. 阅读下述案例，请分别用3种学习动机理论，对小明厌学、弃学的行为做出解释。

小明在初中学习阶段，成绩一直居于班级前列。中考时发挥得不太理想，考分比重点高中录取分数线低5分。父母设法让小明进入一所市重点高中就读。进入高中学习的前几个月，小明心想不能辜负父母的期望，铆足了劲，刻苦学习，成绩也一直居于班级平均线以上。可是，在第一学期期末的两次年级统考中，小明的成绩总分排名却落到班级第37名。寒假中小明没有休息，希望通过加班加点复习，迎头赶上。但第二学期开学后的几次测验中，小明的成绩一直没有起色，上课的时候，老师也很少让他回答问题。特别是数学成绩经常在班级倒数十名的圈子里徘徊。小明开始怀疑自己的头脑是不是缺乏数学细胞。原来语文一直是小明的优势学科，现在也开始明显退步。自此以后，小明就提不起精神，不想看书。有时放学回家连书包也不动。近来已经有一个多月没有上学了。父母对小明也批评过，也骂过，都无效果。

>>> 参考答案

小明的厌学情绪、弃学行为可以用多种学习动机理论来解释：

（1）归因理论。归因理论认为，学生对自己学业成败原因的推断，通过影响其情绪感受和对未来学习结果的预期，从而影响后续的学习动机。

小明进入高中后，在几次年级统考中名次后移，虽经努力而未见成效，就将自己的学业失败归因于能力低下，这一消极归因使其感到羞愧，对未来学习结果的预期也很不乐观，因而降低了学习的积极性。

（2）自我效能感理论。自我效能感指个人对自己是否具有完成某项任务能力的判断与信念。该理论认为，人总是愿意在自己有成功把握的事情上投入精力。

小明进入高中后由于几次考试连续失利，因消极的归因模式而导致自我效能感降低，对学习成功的期望降低。当"改变失败结局"的目标一再受挫后，更加紧张、焦虑，因而产生厌学情绪。

（3）自我价值理论。自我价值理论认为自我价值需要是人最重要的需要。学生努力学习的动机是获得自我价值需要的满足，维护自尊。

小明进入高中后几次考试成绩不理想，很容易将其归因于自己能力水平低。此时如果继续努力学习而成绩仍然不能提高，小明就不得不因承认自己的"无能"而面临丧失自尊的威胁；如果放弃学习，便可将学业失败归因于"没有学习""没有努力"，从而避免了自尊的丧失。因此，放弃学习是小明维护自我价值、避免自尊丧失的一种策略。

一、重要名词及选择题考点

1. 知识

知识是人对事物属性与联系的能动反映，是通过人与客观事物的相互作用而形成的。人们可以通过学习和交往，借助公共知识来发展自己的个体知识。根据知识解决问题的功能，可以将知识分成陈述性知识和程序性知识。① 陈述性知识是指知识反映事物的形态、内容及变化发展的原因，说明事物是什么、为什么、怎么样等问题。② 程序性知识是指用于具体情境的算法或一套操作步骤，说明做什么、怎么做的问题，解决个体从不会做到会做，再到熟能生巧的过程。

2. 迁移类型

划分维度	具体类型	含义	例子
根据迁移的不同抽象和概括水平的经验之间的相互影响	横向（水平）迁移	处于同一抽象和概括水平的经验之间的相互影响	直角、钝角、锐角、平角等概念之间的迁移
	纵向（垂直）迁移	处于不同抽象、概括水平经验之间的相互影响	学了角的概念后，学直角
根据迁移内容的不同	一般（普遍）迁移	一般原理、方法、策略、态度和动机等迁移	考研中吃苦耐劳的品质影响了公务员备考
	特殊迁移	具体的、特殊的经验	考研教育学的知识对考教师资格证内容的迁移

划分维度	具体类型	含义	例子
根据原有的认知结构有没有发生变化	同化迁移	不改变原有的认知结构，直接将原有的认知经验应用到本质特征相同的一类事物中去	举一反三；原有认知结构中的概念"鱼"，由带鱼、草鱼、黄鱼等概念组成，现在要学习鳗鱼，把它纳入"鱼"的原有结构中，既扩充了鱼的概念，又获得了鳗鱼这一新概念的意义
	顺应迁移	将原有的经验应用于新情境时所发生的一种适应性变化	日常生活中形成了报纸、书刊、广播、电视等概念，当这些前概念不能解释"计算机网络"这个概念时，就要在我们原有的经验系统中建立一个概括性更高的科学概念"媒体"来标志这一事物
	重组迁移	重组迁移是指重新组合原有经验系统中的某些构成要素或成分，调整各成分之间的关系或建立新的联系，从而应用于新的情境。这种经验的整合过程即重组性迁移	如对一些原有舞蹈或体操的动作进行调整或重新组合后，编排出新的舞蹈或体操动作
根据解决问题的策略	类比迁移	在解决抽象的新问题时，能找到原来类似的解决问题的思路	射线从四面八方过来的时候，可以在保证正常细胞不受损的情况下，杀死癌细胞。同样，涉及具有同类结构的火灾救援材料，可以使用来自不同方向的水源扑救大火

3. 迁移理论

相关理论	主要内容
形式训练说	迁移要经过一个"形式训练"的过程才能产生
相同元素说	学习迁移，就是相同联结的迁移
概括化理论	产生迁移的关键是学习者在两种活动中概括出它们之间的共同原理
关系转换说	迁移是学习者突然发现两个学习经验之间存在的关系的结果
认知结构迁移理论	迁移是以认知结构为中介进行的，先前学习所获的新经验，通过影响原有认知结构的有关特征影响新学习

4. 促进迁移方法

（1）树立学习目标。（2）整合学科内容。（3）加强知识联系。（4）强调概括总结。（5）重视学习策略。（6）培养迁移意识。

5. 影响知识迁移的因素

（1）学习者因素：学习者的认知特征、学习动机、自我效能感等会影响知识的迁移程度。

（2）学习内容因素：学习内容的性质、结构和难易程度会影响知识迁移。具体化、系统性和实用性更强的知识更易于迁移。

（3）学习环境因素：学习环境提供的迁移机会和真实情境，会对知识迁移产生影响。真实丰富的学习情境有利于知识迁移。

（4）教学设计因素：教学目的、教学方法、评价方式的设置会影响知识迁移。让学生主动运用知识、提供迁移练习和指导有利于知识迁移。

6. 概括化理论

概括化理论由贾德提出，认为产生迁移的关键是学习者在两种活动中概括出它们之间的共同原理。学习者在一种活动中习得的一般原理原则可以部分地或全部地运用到另一种活动的学习中。

二、论述题

1. 简述影响知识理解的因素。
2. 简述促进学习迁移的措施。

>>> 参考答案

1. 简述影响知识理解的因素。

（1）客观因素。

①学习材料的内容：主要指学习材料的意义性、相对复杂性和难度，以及学习内容的具体程度。

②学习材料的形式：学习材料在表达形式上的直观性会影响学习者的理解。直观的方式包括实物、模型和言语。

③教师言语的提示和指导。

（2）主观因素。

①原有的知识经验背景：知识背景既包括直接的基础性知识，也包括相关领域的知识，以及更一般的经验背景；既包括学习者在学校学习的正规知识，也包括日常直觉经验。

②认知结构的特征：认知结构中是否有适当的、可以与新知识挂钩的观念；新学习材料与原有观念之间的可辨别性；认知结构中起固定作用的观念是否稳定、清晰。

③主动理解的意识与方法：主动理解的意识倾向，即学习者有意识地把自己的注意力集中在知识间的联系上。主动理解的策略与方法有：加题目，列小标题，提问题，说明目的，总结或摘要，画关系图或列表。

④学生的能力水平：主要包括学生的认知发展水平和学生的语言能力。

2. 简述促进学习迁移的措施。

教育系统中，教学的目标是使学生接收和掌握经验，以及形成和发展学生的能力和品德，而迁移是实现这一目标的有效途径，也是检验教学目标是否达到的可靠标志。因此，在实际教学中，应该掌握和应用学习迁移的规律，以提高教学成就。

（1）整合学科内容。教师应注意把各个独立的教学内容整合起来，注意各门学科之间的横向联系，要鼓励学生把在某一门学科中学到的知识运用到其他学科中。

（2）加强知识联系。教师应重视简单的知识技能和复杂的知识技能、新旧知识技能之间的联系。要促使学生把已学过的内容迁移到新知识上去，可以通过提问、提示等方式，使学生利用已有知识来理解新知识。这就是所谓的纵向迁移。

（3）重视学习策略。教师要有意识地教学生学会如何学习，帮助他们掌握概括化的认知策略和元认知策略。认知策略和元认知策略是可教的，教授学习策略就会促进学习迁移。

（4）强调概括总结。教师要有意识地启发学生对所学内容进行概括总结。一方面，教师可以引导学生自己总结出概括化原理，培养和提高概括总结的能力，充分利用原理、原则的迁移。另一方面，教师在讲解原理、原则时要尽可能用丰富的举例，帮助学生尽可能把原理、原则的运用带入其他情境或实践中。

（5）培养迁移意识。教师通过反馈和归因控制等方式使学生形成关于学习的积极态度，鼓励学生大胆进行迁移，将知识灵活应用。

> **第五章**
> # 技能的形成

一、重要名词及选择题考点

1. 心智技能

心智技能又称智慧技能或智力技能。（1）心智技能是一种借助内部语言在人脑中进行的认知活动方式，如默读、心算、写作、观察和分析等技能。（2）心智技能具有观念性。它是一种观念活动，如法则、规则运用自如。（3）心智技能具有内潜性。它是借助内部言语在头脑里默默地进行。（4）心智技能具有简缩性。它是从完整到压缩、简化。

2. 高原现象

高原现象是指在学习或技能的练习过程中出现的暂时停顿或者下降的现象。在成长曲线上表现为保持一定水平而不上升，或者有所下降，但在突破"高原时期"之后，又可以看到曲线继续上升。高原现象可能是由于学习动力不够，知识结构有局限或者运用能力不够而导致的，当改变当前学习的策略后会逐渐度过高原时期。"高原现象"是学习过程必须经过的阶段之一。

二、论述题

1. 简述技能的练习对教育的启示。
2. 简述加里培林的智能训练阶段理论。

>>> **参考答案**

1. 简述技能的练习对教育的启示。

（1）技能的练习过程。

① 指导与示范：掌握相关知识，明确练习目的和要求，形成正确

的动作映象，获得一定的学习策略。

②学习者遵循练习曲线进行练习。

练习曲线是指在连续多次的练习过程中所发生的动作效率变化的图解。学生动作技能的形成过程中，普遍存在以下几种情况：第一，练习成绩逐步提高；第二，练习中的高原现象，即练习到一定阶段出现进步暂时停顿的现象；第三，练习成绩的起伏现象；第四，学生动作技能形成中的个别差异。

③在练习时间安排上，力求集中练习和分散练习相结合。

④反馈：及时让学生了解自己的练习结果。注重对学生的结果反馈、情境反馈、分情况反馈、内在的动觉反馈。

（2）对教育的启示。

①教师要进行指导与示范，并把学习策略教给学生。

②教师要关注学生学习中的高原现象，鼓励学生不要气馁和灰心，继续努力或许会有质的进步。

③教师在安排作业时，也要注意集中练习和分散练习，多加复习。

④教师要根据学生的不同特点分情况及时反馈。反馈的同时要帮助学生制订可实施的计划，并落实到实际行动中。

2. 简述加里培林的智能训练阶段理论。

（1）活动定向阶段：这是领会活动任务的阶段。在从事某种活动之前需要先了解做什么和怎么做，从而在头脑中形成对活动本身和活动结果的表象，进行对活动本身和活动结果的定向。

（2）物质活动或物质化活动阶段：这是直观中的两种基本形式。物质活动是运用实物的教学；而物质化活动则是物质活动的一种变形，是指利用实物的模型，如示意图、模型、标本等进行的活动。

（3）有声的言语活动阶段：这是出声说话的阶段。在这一阶段，学生的学习活动已不直接依赖实物或模型，而是借助出声的外部言语的形式来进行。

（4）无声的外部言语活动阶段：这一阶段是出声的言语活动向内部言语活动转化的开始。在这一阶段，学生以词的声音表象、动觉表象为支柱进行智力活动，要求学生对言语机制进行很大的改造，需要重新学习。

（5）内部言语活动阶段：这是智力活动的最后阶段。学生凭借简化了的内部言语，似乎不需要多少意识的参与就能"自动化"地进行智力活动，特点是简缩和自动化。

第六章 ‹

学习策略及其教学

重要名词及选择题考点

1. 精细加工策略

精细加工策略属于学习策略的一种，是将新学材料与头脑中已有知识联系起来，从而增加新信息的意义的深层加工策略。

具体的精细加工策略有位置记忆法、首字联词法、谐音联想法、关键词法、视觉想象法等。

2. 元认知策略

元认知策略是学习者对自己的认知过程及结果的有效监视及控制的策略，即对认知的认知策略。也就是说，个体知道自己在想什么、干什么、干得怎么样及其情感体验。元认知策略包括计划、监视、调节。

（1）计划策略包括设置学习目标、浏览学习材料、分析完成任务的方法等。

（2）监视策略主要包括领会监视和集中注意。

（3）调节策略是根据对认知活动结果的检查，如果发现问题、遇到困难或偏离目标时，采取相应的补救措施，或者根据对认知策略的效果的检查，及时修正、调整认知策略。

3. 学习策略

学习策略是指学习者为了提高学习的效果和效率，有目的、有意识地制订有关学习过程的复杂方案。其特征有主动性、有效性、过程性和程序性。

常见的学习策略有认知策略、元认知策略、资源管理策略。

> 第七章

问题解决能力与创造性的培养

一、重要名词及选择题考点

1. 晶体智力

美国心理学家卡特尔将智力的构成分为晶体智力和流体智力两大类。晶体智力指人后天习得的能力，与文化知识、经验的积累有关，并不随着年龄的老化而减退，如知识的广度、判断力、常识等。

从时间上看，流体智力在人的成年期达到高峰后，就随着年龄的增大而逐步衰退；而晶体智力不但不减退，反而会上升。

2. 多元智力理论

多元智力理论是由美国教育学家和心理学家加德纳所提出的。

（1）加德纳认为，人的智力是多元的，每个人身上至少存在七项智能，即语言智能、数理逻辑智能、音乐智能、空间智能、身体运动智能、人际交往智能、自我认识智能；智能的分类也不单纯局限于这七项，随着研究的深入，会鉴别出更多的智能类型或者对原有智能分类加以修改，如加德纳后续又提出了第八种智能——认识自然的智能。

（2）启示：重视人的全面化、多样化发展；倡导积极平等的学生观；倡导因材施教的教学观；倡导多样化的评价观。

3. 创造性

创造性是指个体产生新奇独特的、有社会价值的产品的能力或特性，也称为创造力。创造性具有流畅性、变通性和独特性的特点。

（1）流畅性是指针对问题（发散点）从不同角度在短时间内反应迅速且众多的思维特征。

（2）变通性也就是思维的灵活性，它要求能针对问题（发散点）从不同角度用多种方法思考，能举一反三、触类旁通。

（3）独特性是指针对问题（发散点）用新角度、新观点去分析，提出独特的、有新颖成分的见解。

4. 思维定势

思维定势，也称"惯性思维"，是由先前的活动而造成的一种对活动的特殊的心理准备状态，或活动的倾向性。

（1）在环境不变的条件下，定势使人能够应用已掌握的方法迅速解决问题。

（2）在情境发生变化时，定势则会妨碍人采用新的方法。

（3）消极的思维定势是束缚创造性思维的枷锁。

（4）作为教师，应该引导学生根据不同情境对解决问题的策略有所调整，打破思维定势的习惯。

二、论述题

1. 简述智力三元理论。
2. 简述加德纳的多元智力发展理论。
3. 简述创造性的心理结构。
4. 简述影响问题解决的主要因素。
5. 简述一般问题解决的基本过程。
6. 简述创造性的含义及其培养措施。

》》》 参考答案

1. 简述智力三元理论。

美国心理学家斯腾伯格创造性地提出了智力三元理论。他认为，人类的智力是由连接的三边关系组合的智力统合体。组成智力统合体的三个方面分别是智力成分亚理论、智力经验亚理论和智力情境亚理论。

（1）内容。

① 智力成分亚理论。

智力成分亚理论指个体在问题情境中运用知识分析资料，通过思维、判断推理以达到问题解决的能力。它包括三种成分及相应的三种过程，即元成分、操作成分和知识获得成分。

②智力经验亚理论。

智力经验亚理论指个体运用既有经验处理新问题时，统合不同观念而形成顿悟或创造力的能力。它包括两种能力：一种是处理新任务和新情境时所要求的能力；另一种是信息加工过程自动化的能力。

③智力情境亚理论。

智力情境亚理论指个体在日常生活中，运用学得的知识经验以处理日常事务的能力。在日常生活中，智力表现为有目的地适应环境、塑造环境和选择新环境的能力。

（2）智力三元理论的影响。

①改变了传统的人才观，树立了"成功并非少数高智商者的特权，人人都可以成功"的理念。

②改变了传统的学生观，鼓励学生发挥自己的优势，开发学生的潜能，争取最大限度的成功。

③改变了传统的课程观，不只关注课堂教学活动，也要重视课外活动、社会实践，重视文化背景的影响和作用。

④改变了传统的教学观，不仅重视知识的学习以及一般的认知加工，也要重视元认知能力的培养和发展。

⑤改变了传统的教育观，不只重视分析能力的培养，也要重视实践和创造能力的培养。

⑥改变了传统评价观，不只关注传统的测验，也要关注生活，平等、全面地评价学生。

2. 简述加德纳的多元智力发展理论。

美国心理学家加德纳认为，每个个体除了语言智力、逻辑-数学智力两种基本智力外，还有音乐智力、空间智力、身体-运动智力、人际关系智力和自我认识智力等多种智力。

（1）语言智力：指的是人对语言的掌握和灵活运用的能力，表现为个人能顺利而有效地利用语言描述事件、表达思想并与他人交流。

（2）逻辑-数学智力：指的是对逻辑结构关系的理解、推理、思维表达能力，主要表现为个体对事物间各种关系如类比、对比、因果和逻辑等关系的敏感，以及通过数理进行运算和逻辑推理等。

（3）音乐智力：指的是个体感受、辨别、记忆、表达音乐的能力，表现为个体对节奏、音高、音色和旋律的敏感，以及通过作曲、演奏、歌唱等形式来表达自己的思想或感情。

（4）空间智力：指的是个体对色彩、形状、空间位置等要素的准确感受和表达能力。

（5）身体-运动智力：指的是个体的身体的协调、平衡能力和运动的力量、速度、灵活性等。

（6）人际关系智力：指的是个体对他人的表情、说话、手势、动作的敏感程度，以及对此做出有效反应的能力。

（7）自我认识智力：指的是个体认识、洞察和反省自身的能力。

加德纳的多元智力发展理论的创新在于，它突破了传统的智力范畴，提出了多维智力的理念，并引发了人们对教育、人才、智力开发、教育评价的思考。另外，加德纳既注重神经生理学证据，又不忽视社会文化的作用，也使得其理论更具说服力。因此，其理论在世界范围内对教育理论和教育实践都有极大的影响力。

3. 简述创造性的心理结构。

创造性是由多种心理品质有机结合而构成的心理结构系统，主要包括创造性认知品质、创造性人格品质和创造性适应品质。

（1）创造性认知品质。

创造性认知品质是指创造性心理结构中与认知加工有关的部分，它是创造性心理活动的核心，主要包括创造性想象、创造性思维、创造性认知策略三方面。

① 创造性想象是在人脑中对已有表象进行选择、加工和改组，形成独特的新形象的心理过程。

② 创造性思维是创造性认知品质的核心，是指用超常规方法，重新组织已有知识经验，产生新方案和新成果的心理过程。创造性思维具有流畅性、变通性、独特性的特征。

③ 创造性认知策略是指有效进行创造性思维和想象的方法和操作程序。

（2）创造性人格品质。

创造性人格品质是指有创造性的人具有的个性品质，对创造性发挥着极其重要的推动作用。创造性人格品质包括创造性动力特征、创造性情意特征和创造性人格特质等。

① 创造性动力特征主要表现为创造性动机，它反映的是个体从事创造性活动的目的和意图。根据创造性动机对创造性活动的不同影响，可以分为外部动机和内部动机。

② 创造性情意特征主要包括创造性情感和创造性意志两方面。

③ 创造性人格特质主要表现为克服困难的意志力、动机、求知欲、冒险精神及对认可的期望等。

（3）创造性适应品质。

创造性适应品质是指个体在其创造性认知品质和创造性人格品质的基础上，在其特定年龄阶段所规定的社会生活背景中，通过对社会生活环境的交互作用，表现出对外在社会环境进行创造性的操作应对，对内在创造过程进行调适的创造性行为倾向。创造性适应品质具体表现为创造的行为习惯、创造策略和创造技法的掌握运用等。

个体内在的创造性认知特点和人格特质是创造性行为倾向产生的内在条件，特定的社会生活环境是创造性行为倾向的外在条件，而个体与社会环境的交互作用是创造性行为倾向形成的决定性因素。

4. 简述影响问题解决的主要因素。

（1）有关的知识经验。

有关的知识经验是影响问题解决的个人因素，如果个体有与问题相关的背景知识，则可以促进问题的表征和解答。只有依据有关的知识才能为问题的解决确定方向、选择途径和方法。

（2）个体的智能与动机。

① 个体的智能。个体的智力水平是影响问题解决极其重要的因素。因为智力中的推理能力、理解力、记忆力、信息加工能力和分析能力等都影响着问题解决，也影响问题解决的方法。

② 个体的动机。动机是促使问题解决的动力因素，对问题解决的思维活动有重要影响。动机的性质和动机的强度会影响问题解决的

进程。

在一定限度内，动机强度和解决问题的效率成正比，动机太强或太弱都会降低解决问题的效率。

就动机的性质来说，如果个体的动机越积极，越有社会价值，它对个体的活动的推动力就越大。

就动机的强度来说，它对问题解决的思维活动的影响比较复杂。一般情况下，当个体具有某种问题解决的强烈动机时，才能以积极的态度去寻求问题解决的途径、方法；相反，动机强度太弱，对问题解决漠不关心，自然不能调动个体问题解决的积极性，就不会主动、积极地寻求问题解决的途径、方法。

动机强度与问题解决的思维活动效率之间并不总是呈正相关。动机强弱与问题解决的关系，可以描绘成一条"倒 U 形线"。适中的动机强度最有利于问题的解决。

（3）问题情境与表征方式。

问题情境是指个体面临的刺激与其已有知识结构之间形成的差异。实际教学中发现，学生解决抽象而不带具体情节的问题时比较容易，解决具体而接近实际的问题比较困难。

问题表征是指信息在头脑中的呈现方式，它是影响问题解决的重要因素。问题表征是对问题呈现的内化，是关于问题呈现的内在心理状态。因此，对问题的表征是否恰当，会直接影响问题解决的难易和速度。

（4）思维定势与功能固着。

① 思维定势。

思维定势是指在问题解决的过程中做了特定加工的准备，这一特定加工模式是已知的、事先有所准备的，它影响着后继活动的趋势、程度和方式。思维定势强调的是事物间的相似性和不变性。

所以，当新问题相对于旧问题是相似性起主导作用时，由旧问题所形成的思维定势有利于新问题的解决；当差异性起主导作用时，思维定势往往有碍于新问题的解决。

② 功能固着。

功能固着是德国心理学家邓克尔提出的，是指个体看到某个物品有一种惯常的用途后，就很难看出它的其他新用途。它往往影响人们解决问题的灵活性。比如，大部分人认为烛台可以用来放蜡烛，却忽视了它可以敲碎玻璃进行逃生的作用。

（5）原型启发与酝酿效应。

原型启发是指在其他事物或现象中获得的信息对解决当前问题的启发。其中，对解决问题具有启发作用的事物或现象叫作原型。在问题解决过程中，由于原型与要解决的问题之间存在着某种共同点或相似之处，因此原型启发具有很大的作用。

作为原型的事物或现象多种多样，存在于自然界、人类社会和日常生活之中。例如，人类受到飞鸟和鱼的启发发明了飞机和轮船，受蒲公英轻飘飘随风飞落的启发制成了降落伞。

酝酿效应又称直觉思维。当一个人长期致力于某一问题的解决而又百思不得其解的时候，如果他暂时停下对这个问题的思考而去做别的事情，几小时、几天或几周之后，他可能会忽然想到解决的办法，这就是酝酿效应。

5. 简述一般问题解决的基本过程。

基克等人认为，一般性问题的解决策略包括四个阶段，并在此基础上提出了一般性问题的解决策略的教学模式。

（1）理解和表征问题阶段。解决问题的第一步是要理解和表征问题，搞清楚问题到底是什么，即从哪些角度看待问题，包括问题的目标、条件和可用的操作。这一阶段需要完成以下几个方面工作：一是识别有效信息；二是理解信息的含义；三是整体表征（理解问题的整体情境）；四是问题归类。

（2）寻求解答、确定认知操作阶段，即运用一定的问题解决策略来解决问题。问题解决策略主要有两种类型：算法式和启发式。

① 算法式。算法式就是为了达到某一个目标或解决某一个问题而采取的一步一步的程序。如果个体选择的算法合适，并且又能正确地完成这种算法，那么他就能获得一个正确答案。

② 启发式。启发式就是根据目标的指引，试图不断将问题状态

转换成与目标状态相近的状态，从而试探那些只对成功趋向目标状态有价值的操作。个体凭借已有的经验，采用较少的操作来解决问题的方法，主要有手段—目的分析法、逆向反推法、爬山法和类比思维四种。

A. 手段—目的分析法。

把总目标分为许多子目标，将问题划分成许多子问题后，寻找解决每个子问题的手段。比如，让某些学生写一篇 20 页的论文是很头疼的事，但如果先让他们进行选题，然后查资料，做开题报告，再完成论文，则会变得比较容易接受。

B. 逆向反推法。

从目标开始状态出发，倒推达到目标所需的前一个中间状态及其算子，一直推到初始状态。这种方法对解决几何证明题非常有效。

C. 爬山法。

爬山法的基本思想就是先设定一个目标，然后选取与起始点邻近的未被访问的任 节点，向目标方向移动，逐步接近目标。这就像爬山一样，如果在山脚下，要想爬到山顶，就得一点一点地往上爬，一直爬到最高点。有时先得爬上矮山顶，然后再下来，重新爬上最高的山顶。因此，爬山法只能保证爬到眼前山上的最高点，而不一定是真正的最高点。如医生看病时，可能并不知道治疗的最终效果，而是根据病情表现不断调整药物剂量。

D. 类比思维。

当面对某种问题情境时，可以运用类比思维，先寻求与此有些相似的情境的解答。

（3）执行策略阶段。当表征某个问题并选好某种解决方案后，下一步就要执行计划、尝试解答。

（4）评价结果阶段。当选择并完成某个解决方案后，还应对结果进行评价，以确定对问题的分析是否正确、选择的策略是否合适、问题是否得到解决等。评价结果的方法之一，就是寻找能够证实或者证伪这种解答的证据。

6. 简述创造性的含义及其培养措施。

（1）创造性的含义。

创造性是指个体利用一定的内外条件，根据一定的目的和任务，开展能动思维活动，产生出某种新颖、独特、具有社会或个人价值的产品的心理特性。创造性的心理结构包括创造性认知品质、创造性人格品质、创造性适应品质。

（2）创造性的培养措施。

① 鼓励创造有利环境。在社会环境、学校环境、家庭环境三方面营造有利于学生创造的环境。

② 培养创造型教师队伍。转变教师的教育教学观念，教给教师必要的创造技法和思维策略，提高他们自身的创造意识和能力，鼓励教师使用创造性的教学范例和模式。

③ 培育创造意识，激发创造动机。要树立创造信心，激发创造热情，磨砺创造意志，培养创造勇气。

④ 开设创造性课程，如创造发明课、自我设计课、推测课、假设课、发散思维训练课等。

⑤ 塑造创造人格。保护好奇心，解除对错误的恐惧心理，培养冒险性和挑战性，鼓励独创性与多样性，培养自信、乐观、忍耐、合作、严谨等品质。

⑥ 培养创造性思维。创造性思维训练是培养学生创造性中用得最多的方法，也是最重要的一项内容，主要包括思维的流畅性、变通性、独特性和辩证性训练等。较有代表性的训练方法有头脑风暴法、分合法、联想技术、直觉思维训练与头脑体操法等。

⑦ 培养创造技法，如类比思考法、移植思考法、逆向思考法、扩加法或缩减法等。

第八章

态度与品德的学习

论述题

1. 简述品德不良的成因及纠正与教育。
2. 简述皮亚杰的道德发展阶段理论。

》》》 **参考答案**

1. 简述品德不良的成因及纠正与教育。

（1）学生品德不良的客观原因。

① 家庭方面。

家庭结构不良因素的消极影响，如自然结构的破坏、关系结构的破坏、家庭意识的不良、家长的不良性格的影响。家庭教育功能不良的消极影响，如教育条件与水平较差、对子女教育不够重视、错误的家庭教育态度与方式方法、重智轻德、忽视子女身心健康、对子女宽严失度等。

② 学校方面。

学校教育与家庭教育脱节，互不沟通，互不配合，削弱了教育的力量。一些教师缺乏正确的教育思想，对学生不能一视同仁。有少数教师本身缺乏师德或者品德不良，给学生带来直接的不良影响。

③ 社会方面。

随着学生年龄的增大，越来越广泛地接触社会的各个方面，社会对他们的影响也越来越大。如社会中不良价值观的影响，各种错误思想的影响。社会上具有各种恶习的人，尤其是坏人的教唆导致学生品德不良。

（2）学生品德不良的主观原因。

① 缺乏正确的道德观念，法治观念淡薄。

② 缺乏道德情感或情感异常。

③ 明显的意志薄弱与畸形的意志发展。

④ 养成了不良的行为习惯。

⑤ 青少年学生的心理内部矛盾。

（3）品德不良的纠正与教育。

① 培养正确的道德观念，提高学生明辨是非的能力。

② 培养深厚的师生感情，消除学生的疑惧心理和对抗情绪。

③ 保护和利用学生的自尊心，培养集体荣誉感。

④ 加强道德意志训练，增强抗诱惑能力，培养良好的行为习惯。

⑤ 针对学生的个别差异，采取灵活多样的教育措施。

2. 简述皮亚杰的道德发展阶段理论。

皮亚杰认为，随着认知能力的发展，儿童道德认知发展经历了一个从他律到自律的过程。在此之前，儿童还要经历一个具有自我中心的规则概念的阶段，即前道德阶段。

（1）无律期（前道德阶段）。

在皮亚杰看来，5 岁左右的幼儿以"自我中心"来考虑问题，对引起事情的结果只有朦胧的了解，其行为直接受行为结果支配。他只做规定的事情，因为他想避免惩罚或者得到奖励。因此，这一阶段的儿童既不是道德的，也不是非道德的。随着年龄的增长才能对行为做出判断。

（2）他律期。

5~8 岁的儿童处于他律道德阶段，这一阶段儿童的道德认知一般是服从外部规则，接受权威指定的规范。他们只根据行为后果来判断对错。有人称该时期为道德现实主义或他律的道德。

（3）自律期。

自律期也就是自主期，9~11 岁的儿童进入自律道德阶段。道德发展到这个时期，儿童不再是无条件地服从权威。

皮亚杰认为，儿童的道德发展源于主体与社会环境的积极的相互作用。他强调儿童在发展中的自主性。因此他特别强调儿童的自我管理和自我发展，强调充分发挥儿童的自主性、能动性，以促进儿童道德观念的发展和道德水平的提高。同时，皮亚杰也认为集体和同伴对儿童道德发展也有重要意义。

郑重声明

高等教育出版社依法对本书享有专有出版权。任何未经许可的复制、销售行为均违反《中华人民共和国著作权法》，其行为人将承担相应的民事责任和行政责任；构成犯罪的，将被依法追究刑事责任。为了维护市场秩序，保护读者的合法权益，避免读者误用盗版书造成不良后果，我社将配合行政执法部门和司法机关对违法犯罪的单位和个人进行严厉打击。社会各界人士如发现上述侵权行为，希望及时举报，我社将奖励举报有功人员。

反盗版举报电话　（010）58581999　58582371
反盗版举报邮箱　dd@hep.com.cn
通信地址　北京市西城区德外大街 4 号
　　　　　　高等教育出版社知识产权与法律事务部
邮政编码　100120

读者意见反馈

为收集对本书的意见建议，进一步完善本书编写并做好服务工作，读者可将对本书的意见建议通过如下渠道反馈至我社。

咨询电话　400-810-0598
反馈邮箱　gjdzfwb@pub.hep.cn
通信地址　北京市朝阳区惠新东街 4 号富盛大厦 1 座
　　　　　　高等教育出版社总编辑办公室
邮政编码　100029

防伪查询说明

用户购书后刮开封底防伪涂层，使用手机微信等软件扫描二维码，会跳转至防伪查询网页，获得所购图书详细信息。

防伪客服电话　（010）58582300